Karo Wagner

Das wichtigste Date meines Lebens

vianova
Verlag Via Nova

KARO WAGNER

DAS WICHTIGSTE DATE MEINES LEBENS

Wie ich auf der Suche nach Liebe
mich selbst fand

Verlag Via Nova

1. Auflage 2022
Verlag Via Nova, Alte Landstraße 12, 36100 Petersberg
Telefon: (06 61) 6 29 73
Fax: (06 61) 96 79 560
E-Mail: info@verlag-vianova.de
Internet: www.verlag-vianova.de
Umschlaggestaltung: Guter Punkt, München
Satz: Sebastian Carl, Amerang
Druck und Verarbeitung: C. H. Beck, 86720 Nördlingen

ISBN 978-3-86616-526-7

Inhalt

Vorwort

Ich weiß, dass es geht. Ich weiß, dass das Potenzial in dir liegt, in die Erfahrung einzutauchen, dir selbst vollkommen genug zu sein. In einen inneren Gefühlsraum zu finden, wo Lebensfreude und Fülle dein alltäglicher Begleiter sind. Wo das Brauchen aufhört. Wo die ständige Suche nach der Liebe im Außen zur Ruhe findet. Wo du glücklich bist, aus dir selbst heraus. Wo es nicht zwingend eine zweite Energie, sprich die Liebe eines Mannes braucht, damit es dir rundum gut geht.

Wo du beginnst, nicht mehr alles davon abhängig zu machen, ob es gerade eine romantische Liebe in deinem Leben gibt, ob sie dich erfüllt oder nicht. Ich möchte dir alle Tools an die Hand geben, um innerlich so stark zu werden, dass du die Kraft hast, dich aus allen Dramen herauszuziehen, und ganz natürlich Grenzen setzen kannst.

Vielleicht liest du diese Zeilen, weil dir jemand empfohlen hat: „Lies das mal, es wird dir guttun." Vielleicht ist dieses Buch dir in einer Buchhandlung ins Auge gesprungen oder du hast es auf dem Nachttisch deiner Freundin entdeckt. Vielleicht warst du auch schon lange auf der Suche nach Antworten, nach einer Lösung, weil du festgestellt hast, dass dieses Gefühl von Bedürftigkeit, Mangel, Abhängigkeit und Unvollkommenheit dich sehr anstrengt, sich nicht stimmig anfühlt und dir unsagbar viel Energie entzieht. Vielleicht ist in dir eine stille Sehnsucht nach Veränderung, nach innerem Frieden und danach, zur Ruhe zu kommen.

Wenn du diese Zeilen liest, ist da definitiv ein bewusster oder unterbewusster Wunsch nach Veränderung, nach Heilung und Transformation. Deine Seele weiß, dass es einen Weg gibt. Dass der jetzige Zustand des Unerfülltseins nicht für alle Zeiten anhalten muss, dass das Potenzial für eine positive Veränderung in dir schlummert und nun wachgeküsst werden darf.

Ich weiß, dass es geht! Ich habe den Prozess der Transformation selbst durchlebt. Von der Raupe zum Schmetterling.

Noch vor einigen Jahren war ich eine Frau, die sehr bedürftig war. Die ihr Lebensglück von der Liebe eines Mannes abhängig gemacht hat. Ohne Mann an meiner Seite kam ich mir wie amputiert vor, als würde das Wichtigste im Leben fehlen. Ich war ständig auf der Suche nach meinem Mr. Right. Und nichts anderes hatte die Kraft, mich glücklich zu machen, mir Erfüllung und Freude zu schenken. Meine einzige Glücksquelle war die romantische Liebe.

Und nach zahllosen ernüchternden Erfahrungen im Beziehungsfeld fiel es mir wie Schuppen von den Augen. Es war glasklar in meinem Bewusstsein: So geht es nicht weiter. Dieses Gefühl ist gruselig! Ich kann mich noch sehr genau an den Moment erinnern. Ich dachte: „Wenn jetzt eine Fee aus dem Himmel steigt und mich vor die Wahl stellt: Hier hast du deinen Mr. Right – und hier die Erfahrung, auch allein erfüllt und glücklich zu sein. Was wählst du?"

Das Zweite wähle ich! Ich möchte das erfahren dürfen! Ich will raus aus dieser Bedürftigkeit und Abhängigkeit. Ich mag so nicht mehr.

Die Entscheidung war getroffen. Und dies mag ich dir als Erstes ans Herz legen: Es braucht deine ganz klare Entscheidung, jetzt für dich loszugehen. Veränderung einzuladen. Die Energie folgt immer der Aufmerksamkeit. Das ist der erste und wichtigste Schritt auf dem Weg der Transformation.

Und es ist mir eine unsagbare Freude, dich zu begleiten auf dieser Reise in die Selbstermächtigung. Packen wir es an!

Für wen ist dieses Buch?

Dieses Buch ist für alle Menschen, die in ihrem Beziehungsfeld mit viel Schmerz konfrontiert werden. Mit Ablehnung, Unzufriedenheit, Mangel, Angst, Bedürftigkeit, Abhängigkeit, ob als Single oder in einer Beziehung Ich habe es zwar aus der Perspektive einer Frau für Frauen geschrieben, doch ich kann mir gut vorstellen, dass es auch für Männer interessant ist, die sich mit dieser Thematik beschäftigen.

Es ist für Menschen, die die Erfahrung machen, dass in ihrem Innersten etwas aus der Bahn geraten ist beim Blick auf das Thema romantische Beziehung, und die den Drang in sich spüren, etwas verändern zu wollen.

Die sich wünschen, aus dem Drama auszusteigen. Die fühlen, dass da mehr sein muss, was es zu erfahren gibt. Mehr an Selbstliebe, innerer Fülle und Genügsamkeit, Selbstermächtigung, innerem Frieden und Freiheit. Die lernen wollen, sich selbst halten zu können. Ganz gleich, ob es gerade einen Partner an der Seite gibt oder nicht. Die bereit sind, Licht in ihre inneren Schatten fluten zu lassen, die bereit sind aufzuräumen und die sich auf die Transformationsreise machen wollen von der Raupe zum Schmetterling, der glücklich und erfüllt durch die Welt flattert, sich seiner selbst gewahr und sich selbst genug.

Alles fängt bei dir an. Wenn du innerlich in die Fülle eintauchst, wird das Leben dir umso mehr Fülle zurückspiegeln. Wie innen, so außen.

KAPITEL 1
Frau sein

Selbstbestimmt und selbsterfüllt durch die Welt zu wandeln, beißt sich sehr mit den Konditionierungen und gesellschaftlichen Strukturen, die wir Frauen in die Wiege gelegt bekommen haben. Wenn wir zurückschauen in die Generationen der Frauen vor uns, sind unsere Mütter und Großmütter darauf geeicht worden, dass es nichts Wichtigeres gibt, als einen Mann zu finden, der uns heiratet und für uns sorgt. Meist gaben unsere Mütter genau das schon früh an uns weiter oder lebten es uns vor.

Noch in den 1950er Jahren brauchte Frau eine vom Mann unterschriebene schriftliche Zustimmung, um Arbeit annehmen zu können. „Du wärest als Langzeitsingle damals von der Gesellschaft ausgegrenzt worden", meinte meine Mutter, als wir einmal über dieses Thema sprachen.

Allein zu sein als Frau galt als abnormal, fernab der gesellschaftlichen Strukturen und Normen. Das Patriachat hielt über viele Jahrhunderte die Frauen klein. Entzog ihnen ihre Macht und trieb sie in die Abhängigkeit einer von Männern dominierten Welt.

In der Zwischenzeit kam der Feminismus auf, Frauen begannen für die gleichen Rechte zu kämpfen und sich freizuschaufeln. Dieser Prozess ist noch lange nicht abgeschlossen. Wenn man in wirtschaftliche Strukturen schaut, sieht man es heutzutage immer noch, dass Frauen nicht gleichberechtigt behandelt werden, ihnen zum Beispiel nicht die gleichen Gehälter zugesprochen werden wie einem Mann auf gleicher Position.

Diese alten Muster schwingen nach wie vor in uns und sind bei den meisten Frauen sehr präsent. Die eigene Wertigkeit, das Selbstwertgefühl vieler Frauen hängt davon ab, ob es einen Mann an ihrer Seite gibt. Single sein ist nicht schick. Ein Zustand, den es so schnell wie möglich zu verändern gilt, aus genau diesen alten Konditionierungen heraus.

„Die Arme, sie hat keinen Mann abbekommen, mit ihr stimmt irgendetwas nicht." Mit solchen und anderen Urteilen wird frau konfrontiert, wenn sie eine längere Zeit allein durchs Leben streift. Anders als bei Männern, bei denen das Singlesein dem Casanova-Image gleicht. Das treibt viele Frauen in Torschlusspanik und Unbehagen. Und hält nicht wenige Frauen in unglücklichen oder gar toxischen Beziehungen fest.

Denn das Alleinsein ist keine Alternative. Dann lieber in einer unglücklichen Beziehung verharren. Alleinsein macht Angst. Löst gar Panik aus. Gerade und vor allem dann, wenn man es seit vielen Jahren nicht gewohnt ist. Das Unbekannte macht uns immer Angst.

Schauen wir uns das genauer an. Fakt ist, dass die Zeiten sich rasant geändert haben. Das Gefühl von Abhängigkeit von einem Mann schwingt zwar in unseren Zellen, entspricht bei genauerem Hinsehen aber ganz und gar nicht mehr dem Leben von heute und der wahren Kraft des Frauseins, das in uns allen schlummert und nur darauf wartet, wachgeküsst zu werden.

Heutzutage kann frau sehr gut für sich allein sorgen, sich beruflich, finanziell, materiell, gesellschaftlich und auch emotional auf eigene Füße stellen, wenn sie bereit ist, aus den alten Paradigmen auszusteigen und sich dieser Herausforderung zu stellen. Und ganz klar Nein zu sagen zu den alten, verstaubten Strukturen, Glaubenssätzen und allen Ängsten, die damit verknüpft sind. Es braucht Mut, sehr viel Mut. Es ist ein bewusstes Austreten aus der eigenen Komfortzone.

Der Bindungswunsch ist uns nicht nur von der Gesellschaft auferlegt worden. Er ist tief verankert in unserer Genetik. Menschen sind Herdentiere und suchen immer instinktiv nach Verbindung, Nähe und Beziehung in jeglicher Form. Doch gilt es zu unterscheiden, ob es sich um einen „normalen" Bindungswunsch handelt, der aus der Fülle und Selbstliebe heraus aktiv ist, oder ob er aus der Energie des schmerzvollen Sehnens, Brauchens oder der Abhängigkeit kommt.

Wenn der Wunsch aus der Fülle entspringt, ist das aktuelle Fehlen einer Beziehung nichts Schmerzvolles, nichts, was ins Leiden zieht. Eher ein „Es wäre schon schön, mein Leben mit einem tollen Mann teilen zu dürfen" als ein schmerzvolles Vermissen, Sehnen und Nicht-abwarten-Können, bis „Mann" endlich auf der Bildfläche erscheint.

Entspringt der Wunsch aus der Fülle, ist er genährt von unendlicher Geduld, Hingabe und Vertrauen ins Leben, dass der richtige Mann zur richtigen Zeit auf der Bildfläche erscheint, und davon, dass frau parallel den Fokus darauf hat, es sich gut gehen zu lassen und das Leben auch ohne Mann in vollen Zügen zu genießen.

Und diese innere Fülle, die sich in Selbstliebe, Selbstwert und einer starken Verbindung zu sich selbst zeigt, gibt frau auch den Mut, eine unglückliche Beziehung hinter sich zu lassen, anstatt aus Angst, Abhängigkeit, Selbstzweifel und Bedürftigkeit auszuharren und weiter zu leiden.

Wenn frau es geschafft hat, in ihrer vollen weiblichen Essenz anzukommen und sich als Ganzes zu erfahren, hören das Brauchen und die Abhängigkeit auf.

Die volle weibliche Essenz

Was steckt wirklich in uns? Was ist unser natürlicher Seinszustand, wenn wir unser volles weibliches Potenzial entfachen? Ich habe mich mit der wahren Yin-Qualität (dem Weiblichen) intensiv beschäftigt. Und damit, was es tatsächlich braucht, um das Yin zu erwecken.

Die weibliche Essenz, die Yin-Qualität, birgt die Erfahrung in sich, sich selbst genug zu sein, aus sich selbst heraus zu schöpfen und das Leben zu empfangen. In der Qualität der Hingabe, der Annahme und der Akzeptanz.

Um in deine authentische weibliche Kraft zu finden, bist du mit der Aufgabe konfrontiert, dich aus dir selbst heraus zu erfahren.

Im ersten Schritt braucht es die Selbstannahme.

Nur die Liebe zu dir selbst und die achtsame, respektvolle, eigenverantwortliche Fürsorge für deine körperlichen, emotionalen und geistigen Bedürfnisse bringen alles in Balance.

Kümmere dich zunächst um deine Altlasten und emotionalen Baustellen. Ich zeige dir in diesem Buch, wie es geht.

Lerne dich geistig, emotional und körperlich selbst zu versorgen, bis du dich aus dir selbst heraus wohl fühlst – und deine Berufung wird dich finden, falls sie es noch nicht getan hat. Ebenso werden die Lebensfreude, Liebe und Fülle zu dir fließen. Alles geschieht von innen nach außen.

Befreie deine Königin

Jede Frau wird als Königin geboren und ihre Aufgabe ist es, ihre weibliche Energie hochzuhalten. Doch wir sind alle in den vorgegebenen Strukturen des Patriarchats, in die wir hineingeboren und in denen wir erzogen und konditioniert wurden, verloren gegangen, sind abgeschnitten worden von unserer wahren Kraft. Lasse uns beginnen, die Göttin in uns zu befreien und zu erfahren, was es bedeutet, in der vollen weiblichen Kraft zu sein.

Je stärker die weibliche Energie in uns wächst, desto mehr Passivität entsteht. Agieren wird durch vertrauensvolles Geschehen-lassen-Können und Kümmern, Sorgen, Grübeln werden durch Sein im Jetzt ersetzt. Es zählt zunehmend das, was HIER und JETZT geschieht. Der Verstand ist immer weniger in der Lage, sich mit Dingen oder Menschen zu beschäftigen, die nicht in diesem Augenblick hier sind. Man lebt, was ansteht und sich im Moment entfaltet.

Die Königin lebt aus der Fülle heraus. Sie braucht keine zweite Energie im Außen, die sie Vollkommenheit fühlen lässt. Sie IST Fülle.

Wenn du diese Zeilen liest, fühlst du vielleicht einen großen Mangel in dir und nimmst wahr, dass du Lichtjahre von den Qualitäten dieser beschriebenen Königin entfernt bist. So ging es mir auch! Als ich damals für mich losging, war ich eine Bettlerin. Aber genau das, dieses Gefühl von Leere und Abhängigkeit ermutigte mich dazu, mich auf den Weg zu machen. Dieses Buch nimmt dich mit auf die Reise, auf die ich mich begeben habe. Auf den Weg von der Bettlerin zur Königin. Alles ist möglich. Und ich zeige dir, wie es gelingen kann.

KAPITEL 2
Die Reise zu dir selbst und in die Lebensliebe

Der wichtigste Partner bist du selbst

Wenn wir uns aus den alten, verstaubten Konditionierungen und Mustern befreien und uns bewusst werden, dass die Prägung, einen Partner zu brauchen, um glücklich zu sein, schlichtweg falsch ist, und dass das volle weibliche Potenzial – wenn wir uns auf den Weg machen, es freizulegen – alle Fülle, Liebe und Ganzheit und alles Wohlsein für uns bereithält, kommen wir einer Essenz des Lebens auf die Spur: der Tatsache, dass die wichtigste Partnerschaft die Partnerschaft zu uns selbst ist. Diese Beziehung zu uns selbst führen wir bis ans Ende allen Seins und daher darf sie auch höchste Priorität bekommen. Fernab eines aufgeblähten Egos.

Wenn du nicht nach dir selbst schaust, wer soll es denn dann tun?

Freiheit und innere Balance, Zufriedenheit und Fülle beginnen ausschließlich bei uns selbst. Sein Glück von einer anderen

Person abhängig zu machen, steht auf sehr wackeligen Beinen. Es treibt uns zwangsläufig in die Abhängigkeit und wir geben unentwegt unsere Macht ab. Natürlich kann das über Jahrzehnte gut gehen, hat aber nichts mit wahrhaftiger Liebe zu tun.

Die meisten von uns haben nie gelernt oder vorgelebt bekommen, was es auf sich hat mit der Selbstliebe. Wobei ich seit jeher finde, dass das Wort Selbstliebe nicht richtig ausdrückt, um was es hier tatsächlich geht. Wir können uns nicht selbst lieben, so wie wir unseren Partner, unser Kind, unseren Hund oder die beste Freundin lieben. Es geht vielmehr um das liebevolle Sein mit sich selbst.

> Selbstliebe nährt sich aus der Quelle, es gut zu haben mit sich selbst. Nachsichtig und liebevoll mit sich selbst umzugehen.

Vor allem die Nachsichtigkeit ist essenziell, kennen wir doch alle den Kritiker in unserem Kopf, der uns ständig erzählt, dass wir dies und jenes nicht gut genug machen, nicht toll genug, nicht schlank genug oder was auch immer nicht genug sind. Der Kritiker, der uns permanent antreibt, alles optimieren will, uns keine Pause gönnt. Hast du einmal beobachtet, was es den lieben langen Tag in dir über dich denkt?

Als ich angefangen habe, diese Übung der Gedankenbeobachtung, die aus dem Buddhismus stammt, regelmäßig im Alltag zu praktizieren, ist mir ganz schlecht geworden. Der Kritiker in mir war ständig dabei, mir zu erzählen, dass ich so, wie ich war, einfach nicht okay war, dass es ständig etwas zu optimieren und zu verbessern gab. Er nahm mich in die Mangel, strafte mich teilweise sogar ab.

So traf ich eines Tages die Entscheidung: Stopp! Das darf sich ändern! Ich werde mich ab sofort darin üben, viel nachsichtiger und liebevoller mit mir selbst umzugehen!

Und immer, wenn ich bemerkte, dass der Kritiker in mir wieder zu nörgeln begann, hielt ich mir innerlich das Stoppschild vor. Ich machte es mir zur Routine, mich selbst viel öfter zu loben, mich dafür anzuerkennen, was ich alles schon geschafft habe. Mich für mein Bemühen, meine erreichten Ziele, für mein Sosein zu ehren und zu schätzen. Mich viel mehr auf das zu konzentrieren, was ich gut an mir finde, was ich in meinen Augen super hinbekomme und wofür ich von meinen Freunden geliebt werde.

Ich lernte allmählich, durch die Brille der Liebe und der Fülle auf mich selbst zu schauen. Und das energetisch groß zu machen, indem ich die Aufmerksamkeit darauf richtete. Und schon nach wenigen Wochen bemerkte ich, dass der innere Kritiker deutlich sanfter wurde. Und dass sich eine neue innere Kraft und Souveränität bemerkbar machten.

Diese Praxis der Selbstliebe ist ein lebenslanger Prozess und darf täglich aufs Neue gepflegt werden.

Ich bin ein großer Fan davon, solche Übungen schriftlich durchzuführen. Das geschriebene Wort verankert sich deutlich kraftvoller in unserem Unterbewusstsein, als es unsere Gedanken vermögen.

In diesem Buch wird es noch oft darum gehen, **dass du für dich eine ganz klare Entscheidung triffst**.

Die Quantenphysik hat wissenschaftlich belegt, dass unsere Gedanken und Gefühle Energieströme sind, die physikalisch in Form von Schwingung messbar sind. Und:

Die Energie folgt immer der Aufmerksamkeit.

Worauf wir unseren Fokus legen, das wird größer, bekommt mehr Energie. Daher beginne noch heute damit, ganz genau zu schauen, wo du deine Aufmerksamkeit in Form von Gedanken und Gefühlen hinströmen lässt. Lasse die Übung, deine Gedanken zu beobachten, zu einer täglichen Routine werden. Was denkt es den lieben langen Tag in dir? Was denkt es in dir über dich? Ich spreche hier bewusst aus der dritten Person, denn wir sind nicht unsere Gedanken. Wir sind die Instanz hinter den Gedanken. Die, die fähig ist, das Denken zu beobachten.

Neben der Selbstliebe braucht es die Lebensliebe

Um anzukommen im inneren Raum der Fülle, Lebendigkeit, Unabhängigkeit und Freude, braucht es neben einer gut genährten Selbstliebe meiner Meinung nach die Lebensliebe.

Wie bereits erwähnt, machte ich zu Beginn meiner inneren Reise das ganze Lebensglück von der Liebe eines Mannes abhängig. Es fühlte sich damals so an, als wäre das meine einzige Glücksquelle. Kaum war meine damalige mehrjährige Beziehung vorbei, begab ich mich wieder auf die Suche. Die Singlezeit galt es so schnell wie möglich wieder hinter mir zu lassen. Es war, als hielte ich die Luft an. Und ich sehnte mich so sehr nach dem Durchatmen, sprich danach, wieder in einer Partnerschaft zu sein.

Doch das Leben wollte mir einfach keine neue Beziehung schenken. Unzählige gruselige Dates und kurzzeitige Liebschaften mit Männern, die ich über bekannte Datingportale kennengelernt hatte, fanden immer mit viel Schmerz und Drama ihr Ende. (Die Welt ist ein Spiegel: So bedürftig, wie ich war, zog ich natürlich auch nur Männer in mein Feld, die ebenso weit davon entfernt waren, in ihrer Kraft zu sein.) Eines Tages hatte ich schlichtweg keine Energie mehr, so weiterzumachen. Ich hatte mehr als genug. Und so blieb mir nichts anderes übrig, als mich all dem zu stellen, was mich innerlich antrieb.

Und mir wurde bewusst, dass mein Antreiber die Bedürftigkeit war. Das tief verankerte Gefühl, einen Mann zu brauchen, um mich ganz, erfüllt und glücklich zu fühlen. Ich kann mich noch sehr gut an den Moment erinnern, in dem es mir wie Schuppen von den Augen fiel. Und ich es gleichzeitig ganz furchtbar fand, mich selbst so wahrzunehmen. Ich sehnte mich nach Veränderung.

So machte ich mich damals mit dieser Frage im Bauch auf den Weg:

WAS – anstelle von WER – macht mich glücklich?

Inspirationen aus diesem Kapitel:
- Halte dem inneren Kritiker das Stoppschild vor die Nase.
- Beginne deine Gedanken zu beobachten.
- Triff die Entscheidung: Ich lerne von nun an, mir selbst mit deutlich mehr Nachsicht und Liebe zu begegnen.
- Schaue auf dich durch die Brille der Fülle und Liebe anstatt durch die Brille der Kritik und des Mangels.

- Beginne dich für das anzuerkennen, was du gut machst, wo deine Stärken liegen, wofür du schon das Feedback im Außen bekommen hast, dass du liebenswert bist, und verstärke es.
- Die Energie folgt immer der Aufmerksamkeit: Fokussiere dich auf das Ziel.
- Nimm Kontakt auf mit deiner in dir wohnenden Königin. Und mache dich auf den Weg, ihr in baldiger Zukunft in ihrer ganzen Größe zu begegnen.
- Lasse den Gedanken in dir groß werden: Alles ist möglich! Das gilt auch für deine Transformation zum Schmetterling.
- Fange an, ein Tagebuch zu schreiben. Fixiere wichtige Entscheidungen und Vorhaben schriftlich.

KAPITEL 3
Alles beginnt mit einer glasklaren Entscheidung

Nachhaltige Veränderungen im Leben initiieren wir durch eine bewusste Entscheidung. Und wie im vorangegangenen Kapitel schon erwähnt: Die Energie (in Form der Gedanken und Gefühle) folgt immer der Aufmerksamkeit. Das Wort „Emotion" beschreibt es: Eine Emotion ist Energie in Bewegung.

> Daher lade ich dich heute, hier und jetzt ein, die Entscheidung zu treffen: Ja! Ich möchte erfahren, wie sich wahre Selbstliebe anfühlt! Liebes Leben, zeige mir den Weg. Ich bin bereit!

So darf der erste Schritt in Richtung dieses Ziels sein, dass du dir eine Liste aller Dinge erstellst, die dir guttun, dir Freude und Leichtigkeit schenken. Nach dem Motto:

> WAS – nicht WER – macht mich glücklich?

Erstelle eine Liste deiner Kraftquellen im Alltag. Was tut dir gut? Was nährt dich? Gibt dir das Gefühl, lebendig zu sein? Schaue dabei auch zurück in deine Kindheit: Was hat dich damals erfüllt? Bei mir war es das Reiten. Ich habe meine gesamte Jugend auf dem Pferdehof verbracht. Und so stand das damals ganz oben auf meiner Liste: wieder reiten gehen. Und ich habe es umgesetzt. Und ja, es schenkt mir wie früher das größte Glück, wenn ich auf dem Rücken meines Lieblingspferdes über die Felder galoppiere.

Ein wichtiger Punkt auf deiner Liste darf sein, für dich und deine Träume, Sehnsüchte und Visionen loszugehen. War es schon immer dein Traum, die Welt zu bereisen, und dein Kopf sagt dir, das mache ich, sobald Mr. Right da ist, mit ihm zusammen? Wieso warten? Wenn du den Mut fasst, es allein zu tun, machst du Quantensprünge in Richtung Selbstliebe. Ebenso, wenn es um die Verwirklichung deiner Wünsche in punkto Beruf geht. Anstatt in den sozialen Medien oder auf Datingportalen deine Zeit zu vergeuden: Suche dir eine neue spannende Weiterbildung. Und investiere Zeit in dich und dein wertvolles Gut: deinen Wissensschatz.

Ich gebe dir weitere Beispiele, wie eine Kraftinsel-Checkliste aussehen kann:

- Raus in die Natur! Du kannst waldbaden oder spazieren gehen. Das Spazierengehen schenkt uns die Energie, dass es weitergeht, dass wir in Bewegung bleiben, körperlich wie mental. Gleichzeitig ist die Natur der heilsamste Ort, an dem wir sein können.
- Meditation ist meine persönlich größte Kraftquelle. Wenn wir beginnen, den Ort der Zentrierung in uns regelmäßig

aufzusuchen, entdecken wir einen magischen Ort, an dem wir auftanken können.

- Treibe Sport. Bewegung setzt Endorphine frei, die uns helfen, den Glücksmotor in uns anzufeuern.
- Füttere den Geist mit Dingen, die dir guttun und dich auf dem Weg begleiten, dir Mut schenken. Du kannst Bücher zu einem Thema lesen, Podcasts hören. Investiere Zeit und Energie in deine persönliche Weiterentwicklung.
- Finde Orientierung bei Menschen, die den Weg bereits gegangen sind und sich an dem Ziel befinden, das du erreichen willst.
- Umgib dich ausschließlich mit Menschen, die dir guttun und keine Energie abziehen.
- Gehe los für die eigenen Ziele, für die stetige Entwicklung. Für das eigene Dharma, die Bestimmung im Leben. Lebst du sie schon? Bist du vollkommen erfüllt mit deinem Tun, deinem Job? Erlaube dir, dich selbst zu verwirklichen. Verfolge den Weg, den dein Herz dir aufzeigt. Wo zieht es dich hin? Was willst du hineingeben in diese Welt? Es gibt immer Wege und Möglichkeiten.
- Tue Gutes. Loving is giving and giving is loving. So begann ich regelmäßig auf einem Gnadenhof für verwaiste Tiere mitzuhelfen, da mein Herz seit jeher für Tiere schlägt. Etwas zurückzugeben in diese Welt, nährt und tut gut.
- Stelle dir ein Wellnessprogramm zusammen. Regelmäßig saunieren, baden, Beauty. Mache dir und deinem Körper ein Geschenk.
- Kümmere dich um deine Persönlichkeitsentwicklung. Ich fing an, Seminare und Workshops zu besuchen, die

mich dabei unterstützen, mich weiterzuentwickeln, und die mich motivierten, an mir selbst zu arbeiten.

- Sei kreativ: Malen, Basteln, Handwerkern.

Wie sieht die Liste deiner persönlichen Kraftquellen im Alltag aus? Schreibe dir alles auf. Und erlaube dir, sie aktiv in dein Leben zu integrieren und umzusetzen. Wenn du deine neue Woche planst, schenke dir Zeitfenster für deine persönlichen Kraftquellen. Erlaube dir, dass es dir gut geht, dass du dir etwas zurückschenkst, dass du beginnst, dich selbst zu pflegen, wertzuschätzen und wichtig zu nehmen.

Mache dein Wohlsein zur absoluten Priorität.

Hole dir immer wieder ins Bewusstsein: Wenn du nicht nach dir selbst schaust, wer soll es denn dann tun? Selbstliebe entsteht auf dem Fundament der Wertschätzung. Es ist, als ob du einen Samen pflanzt.

Der Samen besteht darin, die Aufmerksamkeit auf dich selbst zu richten. Dir das eigene Wohlsein und die persönliche Weiterentwicklung zu erlauben und danach zu streben.

Die Blume, die aus diesem Samen erblüht, ist die Blume der Selbstliebe. Zu lernen, dich selbst wichtig zu nehmen. Dich selbst zu halten. Dir selbst die beste Freundin zu sein.

Inspirationen aus diesem Kapitel:
- Triff für dich die Entscheidung.
- Lege den Fokus auf das, WAS dich glücklich macht.
- Schreibe deine Kraftinsel-Liste.

KAPITEL 4
Du bist nicht allein!

Bitte das Leben, das Universum, die göttliche Energie – ganz gleich, wie du es benennen magst – um Unterstützung. Es wartet eine immense Urkraft darauf, dich auf deinem Weg zu begleiten. Aber du musst bzw. darfst sie einladen. Von allein passiert das nicht.

Ich bin mittlerweile fortwährend mit der universellen göttlichen Energie in Kommunikation. Durch meinen Weg über Yoga und Meditation habe ich die Verbindung zur Schöpferquelle finden dürfen. Ich war viele Jahre auf der Suche danach. Und auch hier: Die Energie folgt der Aufmerksamkeit. So richtete ich vermehrt meinen Fokus darauf, diese Verbindung herstellen und fühlen zu dürfen.

> „Universum, kosmische Kraft, Gott, wo bist du? Zeige mir, dass du in meinem Leben bist, und zeige mir bitte, wie ich in Verbindung mit dir treten kann."

So ging es damals los. Ich bat um Zeichen, Eingebungen und Wegweiser. Und sie kamen mehr und mehr. Die tiefste Verbindung zur göttlichen Essenz begann sich in meinen Meditationsretreats zu zeigen, wo ich mit mystischen Erfahrungen beschenkt wurde.

Aber es braucht nicht erst den tagelangen Rückzug in die Stille, um mit der universellen Kraft in Verbindung zu treten. Ein Auge für das Übersinnliche zu öffnen, genügt schon.

Lade die Schöpferkraft ein, sich in deinem Leben zu zeigen, und du wirst sie sehen und erfahren. Achte auf die Zeichen und Leuchtsterne im Alltag. „Liebes Universum, zeige mir bitte, wie ich es schaffe, in der Selbstliebe anzukommen." Mit dieser Bitte hast du vielleicht wenige Tage später ein tiefgreifendes Gespräch mit einer Bekannten, das dich um Längen weiterbringt. Oder dir fällt ein weiteres Buch dazu in die Hand. Oder eine für dich nährende Podcastfolge.

Das Universum reagiert immer auf unsere Wünsche. Und bahnt sich auf unterschiedlichste Weise im Alltag den Weg, uns zu unterstützen und den Weg zu leuchten. Die Zeichen und kleinen Wunder zeigen sich immer deutlicher, je mehr du den Fokus darauf legst. Bitte um Führung, Hilfe und Unterstützung und sie wird dir zuteilwerden. Du musst nicht streng gläubig sein. Unsere Religionen sind auch nur Konzepte und von Menschen erdachte Konstrukte.

In meiner Welt existiert eine höhere Kraft, ganz egal wie wir sie nennen wollen, mit der wir immer und fortwährend verbunden sind. Die uns dankend unterstützt und führt. Um diese Verbindung fühlen zu können, braucht es lediglich den Fokus und die Bereitschaft, sie zu empfangen.

Das wundervolle Buch *Das Universum steht hinter dir* von Gabrielle Bernstein lege ich dir ans Herz. Es zeigt so schön auf, wie wir mit der Schöpferkraft noch viel intensiver in Verbindung treten können. Und wie wir uns erlauben dürfen, komplizierte Dinge „nach oben" abzugeben. Uns eben nicht mehr ständig um alles allein kümmern zu müssen. Sondern Führung, Hilfe, Unterstützung und wegweisende Impulse anzunehmen und zu empfangen. Um diese Kraft mehr und mehr wahrnehmen zu können, ist das innere Stillwerden ein guter Nährboden. Meditative Praktiken wie Yoga, geführte Meditationen, Trancereisen und Tiefenentspannung öffnen den Raum für das übersinnliche Empfinden und Wahrnehmen.

KAPITEL 5
Das Leben ist ein Spiegel

Kannst du dich der Idee öffnen, dass nichts ohne Grund passiert? Dass jede Begegnung mit einem anderen Menschen uns etwas zeigen mag?

Gerade im Feld der romantischen Beziehungen begegnen uns gerne die sogenannten „Lernpartner". Die uns klar spiegeln, was in uns selbst, in unserer Gefühlswelt und in unserem Denken und Wahrnehmen wirklich gerade Thema ist. Sie treten in unser Leben, um uns als Spiegel zu dienen, um uns zu zeigen, wo wir noch mehr wachsen können und was es in uns zu heilen und zu transformieren gibt.

Über eine schmerzhafte Erfahrung im Außen kommen wir in Kontakt mit unseren destruktiven Glaubenssätzen und inneren Programmen.

Ich habe selbst die Erfahrung gemacht, dass mir über viele Jahre hinweg Lernpartner begegnet sind, die mir ganz klar spiegelten, was in meinem Inneren Programm ist. Ich begann zu verstehen und wirklich hinzuschauen.

Immer wenn du mit deinem Schmerzkörper konfrontiert wirst, offenbart sich ein Raum der Heilung dahinter. So gilt es als Erstes hinzuschauen: Was löst das Verhalten des anderen in dir aus? Wie fühlst du dich? Welche Gedanken kommen dir dazu?

Ich bin in diesem Lernfeld mit Glaubenssätzen konfrontiert worden wie: Ich bin es nicht wert, geliebt zu werden, ich bin schuld oder ich bin nicht gut genug. Und mir wurde anfangs oft die damals vorherrschende Bedürftigkeit gezeigt. Und die Lernaufgabe, zu mir zu stehen und ganz klare Grenzen zu ziehen.

Und das ist der erste Schritt: Schaue wirklich ganz genau bei dir selbst. Nicht beim anderen. Wir neigen so gerne dazu, den anderen therapieren zu wollen, den Grund des Unfriedens beim anderen zu suchen. Drehe das Spiel um und schaue bei dir: Warum passiert das gerade hier? Was löst es in mir aus? Was offenbart sich aus meinem Innersten?

KAPITEL 6
Den Spiegel im Beziehungsfeld erkennen

In diesem Kapitel schauen wir uns Situationen im Beziehungsfeld und die darin verpackten Lernaufgaben an. Natürlich kann man nicht alles über einen Kamm scheren. Die Situationen, die man erlebt, sind oft sehr individuell. Doch zeichnen sich bei genauerer Betrachtung klare Lernaufgaben und das Potenzial für Wachstum ab. Zu begreifen, dass hier zwei Menschen nicht willkürlich aufeinandertreffen, sondern dass ihre energetischen Signaturen (das Denken, Fühlen, alle unbewussten Programme) sich wie zwei Magnete angezogen haben, um voneinander zu lernen, um die Möglichkeit zu Wachstum und Heilung zu bekommen, verändert den Blick auf unschöne Erfahrungen enorm. Erkenne das Geschenk dahinter. Auch wenn es dich durch den größten Schmerz führt.

Unsere Seele strebt nach Expansion und Heilung, Weiterentwicklung und Wachstum. Äußere Geschehnisse sind eine Reflexion auf unser Innerstes. Wenn man beginnt, die Sprache der Energie sowie die hermetischen Lebensgesetze zu verstehen (die Quantenphysik liefert dazu die wissenschaftlichen Studien), ergibt alles auf einmal Sinn. Und gibt dir deine Macht zurück. Die Macht, innere Arbeit zu tun, damit Heilung geschieht. Und es dir somit kein zweites Mal gespiegelt werden muss.

Langzeitsingle sein: Spiegel Nummer 1

Ich möchte dir hier einen neuen Blick auf die Situation des dauerhaften Singleseins geben. Tief in uns sind wir alle auf der Suche nach „dem Einen", dem Partner an unserer Seite, mit dem wir eine beglückende Beziehung führen können. Der Bindungswunsch ist in unseren Genen kodiert, man kann sich ihm daher auch nur schwer entziehen. Es liegt in unserer Natur, in Verbindung zu gehen. Doch wenn es uns gelingt, die Suche zu stoppen und zu schauen, was uns das Singlesein auch für Geschenke macht, können wir in der Zeit sehr viel lernen und wachsen.

Dauersingle sein ist in einer auf Zweisamkeit ausgerichteten Gesellschaft eine große Herausforderung.

Wenn das Leben dir über einen längeren Zeitraum einfach keinen Partner schenken mag, ist der Spiegel dahinter die Lernaufgabe und die Erfahrung, dir selbst der beste Partner zu sein.

Alles, was du beim anderen suchst, die Liebe, Geborgenheit und Fürsorge, gilt es bei dir selbst zu finden. Zu lernen, dich selbst zu halten, zu schätzen, zu ehren, dir selbst genug zu sein. Dich in und mit dir so wohlzufühlen, dass es nicht zwingend mehr einen zweiten Menschen braucht, damit du dich erfüllt fühlst.

Doch gerade, wenn wir uns bedürftig fühlen, ist dieser Blick auf die Dinge sehr herausfordernd und scheint schier nicht umsetzbar sein.

Ich möchte dir als kraftvolle Fackel den Weg leuchten. Denn genau diesen Weg begann ich damals zu gehen. Mir meiner Bedürftigkeit bewusst zu werden, war vor vielen Jahren ein wichtiger Schritt. Mir wurde eines Tages klar, wie krampfhaft ich auf der Suche war. Und wie unerfüllt sich mein Leben ohne Mann an meiner Seite anfühlte. Meine Selbstliebe war wenig ausgeprägt. Mir wurde schlagartig bewusst: So geht es nicht weiter. Ich fand es furchtbar, mich so wahrzunehmen: bedürftig, suchend, mir selbst nicht genug.

Und dieses Bewusstwerden braucht es für den Schritt der Veränderung. Damals traf ich eine klare Entscheidung:

Liebes Leben, ich möchte das erfahren! Wie fühlt es sich an, sich selbst genug zu sein? Wie geht Selbstliebe?

Und da wären wir wieder beim Thema: Entscheidungen. Dass es genau das braucht, um einen neuen Prozess einzuläuten. Und wie bereits erwähnt, bestand der erste Schritt für mich darin, einen neuen Fokus zu setzen. Mit der Frage im Bauch:

Und so ging ich los. Ich begann mein Leben mit Glücksquellen zu füllen. Ließ die Männer Männer sein. Ich zog meine Aufmerksamkeit komplett weg von diesem Feld, so als ob es keine Männer auf dieser Welt gäbe. Mit dem täglichen Fokus im Kopf: Ich möchte das erfahren. Ich mache mich auf. Jeden Tag aufs Neue. Ich lerne nun, mich selbst zu erfüllen, es mir schön zu machen. Mein Leben zu einer Quelle der Freude erblühen zu lassen.

Und natürlich ging das nicht von heute auf morgen. Immer wieder gab es Momente der Sehnsucht und Einsamkeit. Aber mein Wille war stark. Und eines Tages – ich saß im Garten, mein Hund lag neben mir und ich las gerade in einem Buch – fing es an: Die ersten Glückswellen flossen durch meinen Körper und meinen Geist. Zart und wohlig warm. „Ich bin gerade echt glücklich und erfüllt", war der Gedanke, der mir dazu kam. Ich hielt inne und speicherte diesen Moment in meinem Herzen ab: Gerade beginnt es zu fruchten. Gerade kann ich wahrnehmen, wie es sich anfühlt, das Leben zu empfangen. Glück von innen heraus zu empfinden. Und es nicht mehr von einer zweiten Person an meiner Seite abhängig zu machen.

Alles ist da. Alles ist in uns. Wir dürfen uns auf die Reise machen, diese Schatztruhe zu finden und zu öffnen. Und wenn du beginnst, diesen Weg bewusst zu gehen, wirst du feststellen, dass die Energie beginnt, sich langsam, aber stetig zu verändern. Aus dem Gefühl der Einsamkeit wird ein wohliges Mit-dir-Sein. Das Alleinsein wird zu einem All-eins-Sein. Alles ist da in dir selbst.

Entlasse den Partnerwunsch für eine Zeit ganz in Freiheit. Und mache dich auf die Reise zu dir selbst. Wie innen, so außen. Wenn du in deiner inneren Fülle angekommen bist und keine destruktiven Programme einer erfüllten Beziehung mehr im Weg stehen, wird dir das Leben diese Fülle spiegeln.

Die Selbstliebe ist ein Magnet für noch mehr Liebe in deinem Leben. Wenn dein inneres Licht zu leuchten beginnt, wird dieses Licht auch genau den richtigen Partner in dein Leben ziehen. Aber mache es nicht zu deinem Ziel. Erlaube dir, das Thema der Partnerschaft ganz loszulassen. Auch wenn es sich befremdlich anfühlt und erst einmal Angst macht. Gönne dir eine Pause. Und in dieser Pause mache dich selbst und dein Lebensglück zu deiner Priorität.

Langzeitsingle sein: Spiegel Nummer 2

Ein weiterer Grund, warum das Leben dir über längere Zeit keinen Partner schenken mag, kann darin liegen, dass ein unterbewusstes Programm dagegen steuert. In der Recherche zu diesem Buch habe ich mich intensiv mit den unterschiedlichen psychischen Mustern beschäftigt, die dazu führen, dass die Liebe aktuell nicht gelebt werden kann. Dabei bin ich auf einen Psychologen gestoßen, der bei seinen Klienten, die mit diesem Thema zu ihm kamen, eine Parallele entdeckt hat, nämlich ein unterbewusstes Ablehnungsprogramm gegen sich selbst.

Das klingt zuerst einmal erschreckend, kommt aber häufiger vor, als man denkt. Wenn ein Glaubenssatz in dir schwingt, dass du so, wie du bist, nicht okay bist, nicht genug bist, wenn dein Selbstbewusstsein nicht kraftvoll und stabil ist, spiegelt das Leben oft im Beziehungsfeld genau diesen Mangel wider.

Und hier helfen eine ganz nüchterne Betrachtungsweise und ein bewusstes Erforschen dessen, was sich im Inneren verborgen hält. Ich empfehle dir sehr, wenn du hier im Alleingang nicht weiterkommst, dir einen Coach an die Seite zu nehmen, der dir dabei hilft, die Schatten in dir aufzudecken und zu heilen. Wir sind diesen destruktiven Programmen nicht hilflos ausgeliefert. Wenn wir erst einmal wissen, was genau in uns nach Transformation ruft, gibt es genug Tools, die uns Erleichterung und Lösung schenken. Im Kapitel „Glaubenssätze transformieren" gehe ich näher auf die Thematik ein, wie wir Schattenarbeit in Eigenregie nutzen können.

Toxische Beziehungen – über Narzissten und Co.

Man spricht von toxischen Partnern, wenn man im Beziehungsfeld mit sehr viel Leid und destruktiver Energie konfrontiert wird, wenn eine Beziehung ungesund wird. So kann zum Beispiel ein zu hohes Maß an Eifersucht die Beziehung auf Dauer vergiften. Besonders schmerzhaft wird es, wenn man beispielsweise an einen Narzissten gerät. Weitere Persönlichkeitsstörungen wie die Borderline-Störung sind ebenfalls zu nennen. Ich möchte speziell auf den Narzissten sowie auf weitere toxische Verhaltensmuster eingehen, da ich hier aus eigener Erfahrung sprechen kann.

Die Praxis zeigt, dass gerade hoch empathische Menschen auf solch einen Persönlichkeitstyp treffen. Narzissten sind die Sonnenkönige in ihrem Universum. Sie suchen die Schuld immer bei anderen, können so gut wie gar nicht mit Kritik umgehen. Sie „funktionieren" nur, wenn man permanent den Scheinwerfer auf sie richtet und ihr Ego streichelt. Oft kommt brennende Eifersucht hinzu sowie das Bedürfnis, den Partner einzunehmen und zu kontrollieren. Aus der Psychologie weiß man, dass Menschen mit narzisstischen Störungen eine unbewusste große Wunde des Sich-nicht-geliebt-Fühlens in sich tragen. Aber hier soll es um die Lernaufgabe gehen, wenn man mit solch einem Menschen oder anderen toxischen Verhaltensstrukturen in einer Liebesbeziehung konfrontiert ist.

Prinzipiell kann man die Lernaufgabe bei einem toxischen Partner auf eines herunterbrechen:

Grenzen setzen lernen.

Bis hierher und nicht weiter. Lernen, nein zum anderen zu sagen, aus dem Ja zu sich selbst. Sich auf die Reise machen zu der inneren Kraft, der Stärke, dem Mut und dem Bewusstsein: Hier ist zwar ganz viel Liebe – aber ich liebe mich mehr. Mein innerer Frieden und meine Seelenbalance müssen und dürfen wichtiger sein als jede noch so große Liebe zum Partner.

Frage dich: Was lässt mich festhalten? Warum fällt es mir so schwer, Grenzen zu setzen? Welche Ängste kommen hoch bei dem Gedanken, für dich selbst einzustehen? Welche Parallelen kannst du in punkto deiner Kindheit erkennen? War vielleicht ein Elternteil ähnlich im Verhalten dir gegenüber (siehe auch Kapitel 8: Die Urwunde heilen: Die erste Beziehung deines Lebens)? Oft gilt es hier als Erstes hinzuschauen.

Nicht selten finden sich Frauen, die mit einem Alkoholiker als Vater groß geworden sind, in einer Beziehung zu eben wieder einem Alkoholiker wieder. Und das lässt sich auf alles übertragen: auf toxische Verhaltensmuster, Gewalt, Abwesenheit, Liebesentzug und weitere Muster.

Durch die frühkindliche Prägung auf eine solche Verhaltensform hat sich irrtümlich im Unterbewusstsein abgespeichert, dass sie „normal" ist. Dass sie Liebe ist. Und so verliebt sich oft eine erwachsene Frau, die unter solchen Umständen groß geworden ist, wieder in einen Mann mit den gleichen Tendenzen. Um sich eines Tages verzweifelt zu fragen: Warum erlebe ich das Gleiche in grün mit diesem Mann wie in meiner Kindheit?

In der Reflexion liegt enorm viel Heilungspotenzial. Nimm dir folgenden Satz als Wegweiser an die Hand:

Du hast es verdient, liebevoll, respektvoll und wertschätzend behandelt zu werden.

Wenn das Außen dir das Gegenteil spiegelt, liegt es in deiner Hand, genau hinzuschauen, welche destruktiven Denkmuster damit in Resonanz gehen. Was die Ursache ist, dass solche

Dynamiken in deinem Leben aktuell vorhanden sind. Und auch hier möchte ich dir wieder Mut zusprechen. Der erste und wichtigste Schritt ist die Selbstreflexion. Sobald die Dinge ins Bewusstsein treten, ist der Heilungsweg bereits in vollem Gange. Gehe für dich los. Sei es dir selbst wert.

Das Leben schickt immer die „Falschen"

Eine neue Begegnung, ein toller Mann tritt ins Leben, eine beidseitige Anziehung ist da und das Spiel beginnt. Nach anfänglichem Feuerwerk und Glückshormonen entsteht wie aus dem Nichts eine Abwärtsspirale, es gibt einen heftigen Knall und alles ist vorbei. Diese Kurzzeitromanzen mit potenziellen Liebespartnern, die so schnell wieder kaputtgehen, wie sie angefangen haben, bringen auch immer ein „Geschenk" mit.

Schaue genau hin: Was löst die Situation in dir aus? Was triggert sie in dir? Ich habe vier solcher „Lernpartner" gebraucht, um auf den in mir schwingenden Glaubenssatz „Ich bin es nicht wert, geliebt zu werden" wirklich aufmerksam zu werden. Als es mir zum vierten Mal in Folge passierte, dass eine Romanze großartig anfing und dann aus dem Nichts eskalierte, schoss der Glaubenssatz in mein Bewusstsein: „Kein Wunder, dass der jetzt auch wieder geht, ich bin es einfach nicht wert, geliebt zu werden."

Ich suchte nach einer Lösung und fand über das Tool der Rückführung in die Heilung. Hier reist man zurück zu dem

Punkt im Leben (oder im Vorleben), wo dieser Glaubenssatz erstmalig initiiert wurde. Das löst das Trauma auf und innere Freiheit kann entstehen (mehr dazu in Kapitel 7: Die Heilung des Schmerzkörpers).

Jeder Beziehungspartner, auch wenn er es nur kurzzeitig ist, agiert als Spiegel unseres Selbst. Schaue wirklich bei dir. Wir neigen gerne dazu, die Schuld am Scheitern auf den anderen abzuwälzen. Es gibt aber keine Schuld. Die Dinge geschehen allein in der Funktion, uns etwas aufzuzeigen, zu lehren und zu spiegeln.

> Frage dich: Was löst das Verhalten des anderen in mir aus? Welche Gedanken und Emotionen sind präsent? Welche unbewussten Schatten offenbaren sich?

Vieler Dinge sind wir uns gar nicht bewusst. Gerätst du beispielsweise immer wieder an einen Bindungsphobiker, liegt oft in dir tief vergraben ebenfalls eine Angst vor echter Nähe und tiefer Verbindung oder eben ein destruktives Programm, das damit in Resonanz geht.

In der romantischen Begegnung, wenn die Liebe uns durchflutet, offenbart sich alles wie auf dem Silbertablett, was sich gegen ein echtes Einlassen und Zulassen sträubt. Es spült alles hoch, die Dinge kommen ins Bewusstsein.

Ich kam auf meiner Reise einem unbewussten Programm auf die Spur, das ein tiefes Einlassen ablehnte aus der Angst heraus, es könne ohnehin nicht meine Erwartungen erfüllen und würde früher oder später zu langweilig werden. Es ist schon verrückt, was sich alles aus dem Unterbewusstsein

offenbart, wenn man bereit ist, sich die Dinge genau anzuschauen.

Das Phänomen der Dualseelen/Zwillingsseelen

Der meist wichtigste Lernpartner des Lebens kommt im Ge-
wand der Zwillingsseele. Wir empfinden eine mehr als kosmische Anziehung und Intensität. Ein Gefühl von Nach-Hau-
se-Kommen stellt sich schon beim ersten Gespräch ein. In-
nige Vertrautheit, als würde man sich schon immer kennen.
Alles ist so unfassbar intensiv, kraftvoll, beflügelnd, beglü-
ckend, tiefgründig und könnte nicht schöner sein. Als wäre
man füreinander geschaffen. Und oft setzt auch hier nach
kurzer Zeit eine schmerzvolle Abwärtsspirale ein, wenn ein
Partner beginnt, auszubrechen und wieder auf Abstand zu
gehen, weil er die Intensität nicht halten kann und mit voller
Wucht mit seinen Beziehungsängsten und destruktiven Programmen konfrontiert wird.

Es gibt Literatur in Hülle und Fülle zu diesem Thema. Oft
sehr mystifiziert und verklärt. So las ich in einem Dualsee-
lenbuch, dass der andere das zweite fehlende Stück unserer
Seele sei, dass wir erst in der Verschmelzung zur Vollkommenheit finden.

In meinen Augen ist das Quatsch. Wir sind in uns vollkommen und ganz. Wir können uns allerdings erst als Ganzes
fühlen, wenn sich die Selbstliebe mehr und mehr entfaltet.

Weiter las ich, dass jede Dualseelenverbindung dafür bestimmt ist, in Beziehung zu gehen, dass es ein Seelenversprechen im Vorfeld gab, dass dies unweigerlich geschehen soll und wird. Dass man auf jeden Fall zusammenfinden wird, sobald jeder seine Blockaden angeschaut und aufgelöst hat. Viele Theorien um das Thema schüren die Hoffnung, dass es unabdingbar eines Tages zur Traumbeziehung kommt. Wenn man erst einmal losgelassen hat, geschieht es quasi von ganz allein, dass man wieder zusammengeführt wird. Dieser Irrglaube lässt viele Betroffene über Jahrzehnte in dieser leidvollen, sich wie Klebstoff anfühlenden Verbindung festhängen.

Meine Dualseelenbegegnung liegt viele Jahre zurück und war eine der härtesten Zeiten in meinem Leben. Denn mein Dualseelenpartner riss mir gefühlt mehrfach das Herz in Stücke. In unserer Dynamik lief er immer wieder davon und reagierte mit Ghosting (sich totstellen und nicht auf Anrufe und Nachrichten reagieren). Mich zog es ins tiefste Leid. Und wenn ich zurückschaue, war eine Dynamik in diesem ganzen Katz-und-Maus-Spiel für mich besonders kräftezehrend: Ich musste permanent an ihn denken.

Ich fühlte mich wie besetzt von ihm. Auch nach wochenlanger Funkstille war er vierundzwanzig Stunden am Tag in meinem System präsent. Irgendwo las ich, dass bei zwanghaftem Denken festsitzende Emotionen dahinterstehen. Und so fragte ich in mich selbst hinein: Wieso muss ich dauernd an ihn denken, was steckt dahinter?

Als Erstes kam ich mit einer sehr tiefen Enttäuschung in Kontakt. Als ich begann, sie zuzulassen und bejahend zu fühlen, wurde es deutlich besser. Weitere Schichten von Emotionen zeigten sich, es war ein sehr langer und kräftezehrender

Prozess. Neben diesen zwanghaften Gedanken kam ich durch ihn mit vielen destruktiven Glaubenssätzen und Programmen in Berührung und konnte über die Zeit viel transformieren und loslassen.

In der Dualseelenverbindung treffen zwei Menschen aufeinander, deren Schmerzkörper perfekt ineinandergreifen. Daher triggert man die Schmerzpunkte des anderen auch mitten ins Zentrum. Es ist so viel Angst vor echter Nähe auf beiden Seiten vorhanden, dass eine gelebte Beziehung am Anfang undenkbar ist.

Ich habe das Thema damals studiert, war in Foren von Gleichgesinnten und Betroffenen aktiv. Zwei meiner Freundinnen steckten parallel in solch einem Prozess, was ein Segen war, denn so konnten wir uns gegenseitig auf dem Weg begleiten und unterstützen.

Die wenigsten Dualseelenpaare kommen wirklich in einer glücklichen Beziehung an. Ausnahmen bestätigen natürlich die Regel. In den meisten Begegnungen trifft man „nur" als Lernpartner aufeinander.

Meine Dualseele und ich fanden auch nie zusammen. Eines Tages, als ich an einer sehr schmerzhaften Gürtelrose erkrankt war (eine Nervenerkrankung und mir lagen wortwörtlich die Nerven blank), wurde mir bewusst: Ich MUSS jetzt für mich losgehen, es gibt nur diesen einen Weg. Denn mit ihm war es mittlerweile ausschließlich leidvoll. Der Prozess des Loslassens dauerte noch über zwei Jahre. So stark waren die Verstrickung und die Hoffnung, dass es doch noch eines Tages etwas werden könnte.

Rückblickend weiß ich, dass ich in diesem Spiel, das über vier Jahre andauerte, nur deshalb so lange feststeckte, weil meine Selbstliebe so gut wie gar nicht vorhanden war. Parallel das Dualseelenmärchen im Kopf, getragen von der Hoffnung, dass es eines Tages bestimmt funktionieren würde.

Eine kraftvolle Ich-Identität, genährt aus der liebevollen Verbindung zu mir selbst, hätte viel früher die Notbremse gezogen. Lieber allein sein als solch ein Wahnsinn. Aber genau diese Lernaufgabe hat er mir damals offenbart. Und dafür bin ich ihm heute noch sehr dankbar. War er doch bis dato mein wichtigster Lernpartner.

Und was ich dir zum Thema Dualseele/Zwillingsseele noch mitgeben mag: Auf meiner Lebensreise sind mir bereits vier Männer mit dieser Intensität begegnet, mit dem Gefühl, nach Hause zu kommen, mit magischer Anziehung und dem Gefühl tiefster Verbundenheit und wahrer Liebe. Sie kamen alle nicht, um mit mir in Beziehung zu gehen, sondern um mir etwas zu zeigen, zu offenbaren, um mich noch mehr bei mir selbst ankommen zu lassen.

Mit einem von ihnen habe ich es geschafft, in Freundschaft zu gehen. Er ist auch heute noch, zehn Jahre später, ein liebevoller Begleiter. Hier ist es mir geglückt, die Klebstoffenergie in Freundschaft zu transformieren. Es hat einige Jahre und zwischenzeitlichen Abstand gebraucht, aber heute bin ich sehr dankbar, dass ich das mit ihm geschafft habe. Denn auf der Ebene von „Bruder und Schwester" tun wir uns menschlich wahnsinnig gut. Auf der Beziehungsebene wäre es auch mit ihm in einer Katastrophe geendet.

Wir haben es damals zum Glück beide rechtzeitig erkannt und es gelassen. Für mich ist es eine spannende Erfahrung, dass sich so eine kosmische Begegnung voller Feuerwerk und Intensität mit dem richtigen Fokus in Freundschaft wandeln lassen kann. Heute fühle ich keinerlei sexuelle Anziehung mehr, wenn ich in Begegnung mit ihm bin. Nur noch das warme, vertraute Gefühl von Seelenverbindung und Geschwisterliebe. Das anscheinend auch so für uns vorgesehen war und wahrlich eine Bereicherung ist.

Eintauchen in die Tiefenpsychologie: Der verlorene Zwilling

Ich greife hier ein Thema auf, das nach meiner Recherche häufiger vorkommt. Viele Betroffene wissen nicht, wo sie ansetzen sollen, was der Ursprung ihres Leidens ist.

Vom verlorenen Zwilling spricht man, wenn nur eins der beiden Zwillingskinder überlebt. Der andere Zwilling stirbt vorher im Mutterleib ab. Dies geschieht oft in einem so frühen Stadium, dass die Mutter es gar nicht mitbekommt. Doch im pränatalen Zustand nimmt die zweite, überlebende Seele diesen Verlust sehr deutlich wahr. Das Seelenbewusstsein ist bereits vorhanden und registriert alles, was im Außen geschieht.

Hier spricht man von einem frühkindlichen Trauma, dem Trauma des Verlustes.

Ich kam mit meiner Zwillingswunde in Kontakt, als ich gefühlt von heute auf morgen in eine Depression verfiel. Ohne mir bewusst zu sein, was der Auslöser dafür war. Eine tiefe Traurigkeit umhüllte mich, gepaart mit Antriebslosigkeit, immensem Schlafbedürfnis und dem Gefühl von bleierner Schwere. Über eine Seherin und durch geführte Trancereisen kam ich dem Ursprung auf den Grund. Ich trauerte um meinen verlorenen Zwillingsbruder, getriggert durch den Umzug zurück in meine Geburtsstadt.

Über die Trancetherapie, die in meinem Fall genutzt wurde, um in die Vergangenheit zurückzureisen und Frieden zu schließen, fand die Wunde allmählich Milderung.

Gefühle, die mit der unbewussten Zwillingswunde einhergehen, sind: ein Gefühl von immenser Einsamkeit, man fühlt sich allein wie amputiert, hat immer das Gefühl, dass das Wichtigste im Leben fehlt, empfindet sehr oft unerklärliche Traurigkeit und/oder das Gefühl von Trauer.

Durch eine Therapeutin, die sich seit vielen Jahrzehnten mit dem Thema beschäftigt, durfte ich lernen, dass sich diese Wunde des Verlustes im weiteren Leben bei Betroffenen reproduzieren kann. Sprich: Man macht im Beziehungsfeld immer wieder die Erfahrung von Verschmelzung mit anschließendem schmerzvollem Verlust. Und das in Dauerschleife. Bis die Wunde tatsächlich in die Heilung findet. In Kapitel 7, in dem es um die Heilung des Schmerzkörpers geht, gehe ich tiefer auf diese Thematik ein, denn Heilung geschieht oft in mehreren Schichten. Manche Themen zeigen sich Jahre später nochmals in anderer Form und brauchen ein weiteres Mal deine Aufmerksamkeit.

Die Wunde des Verlassenwerdens

Wenn es dir wie in einer nicht enden wollenden Schleife der
Wiederholung passiert, dass du verlassen wirst, liegt meist
eine alte Wunde des Verlassenwerdens als Ursprung darunter
verborgen (wie die bereits erläuterte Wunde des verlorenen
Zwillings). Wenn ein Trauma in unserem Nervensystem (in
dem alles gespeichert ist, was wir seit Anbeginn der Zeit
erlebt haben) steckt, das noch nicht geheilt ist, reproduziert
es sich im Hier und Jetzt immer wieder aufs Neue. Dies kann
ein frühkindliches Trauma sein. Dass beispielsweise der Vater die Familie über Nacht verließ und das damalige kleine
Mädchen traumatisiert zurückblieb, die Erfahrung der Ad-
option oder der traumatische Verlust eines Elternteils durch
einen Unfall.

Liebe nicht zulassen können

Durch die Erzählungen einer Freundin, die sehr darunter
leidet, bin ich damit in Kontakt gekommen, dass es unter-
bewusste Programme gibt, die die Liebe sabotieren. Meine
Freundin macht in Dauerschleife seit einigen Jahren immer
die gleiche Erfahrung, dass die Liebe sich wieder verflüchtigt.
Dass alles großartig und mit großen Gefühlen beginnt. Dass
sie aber nach kurzer Zeit, oft schon nach ein paar Monaten
feststellt, dass sie die neue Bekanntschaft doch nicht so toll

findet, die aufkeimende Liebe quasi verpufft und sie sich gezwungen fühlt, das Ganze wieder zu beenden.

Da sich diese Geschichte nun schon mehrfach wiederholt hat, kam sie dahinter, dass es nicht nur an den Männern liegen kann, sondern dass in ihrem Inneren ein Programm der Sabotage läuft. Sie befindet sich gerade im Coaching und macht sich auf den Weg herauszufinden, was im Unbewussten fehlprogrammiert ist. Solch ein unbewusstes Programm kann ebenfalls durch ein tiefes Trauma initiiert worden sein. Heute will dieses Sabotageprogramm meine Freundin vor weiterem Schmerz schützen. Und kreiert so den Drang nach Rückzug und Trennung.

Das waren nun einige Beispiele für Spiegel, die uns in einer Beziehung vorgehalten werden können. Der große Lernprozess dahinter besteht darin, das Bewusstsein dafür zu entwickeln, dass es keine Willkür gibt. Dass du nie ohne Grund einem Menschen begegnest. Der andere agiert als dein Spiegel, der das Licht in deine Schatten flutet.

Jede Begegnung mit einem Menschen ist ein Geschenk, eine Lernaufgabe oder ein Wegweiser.

Es bringt dich in deine kraftvolle Selbstermächtigung, wenn du dieses Prinzip verinnerlichst.

KAPITEL 7
Die Heilung des Schmerzkörpers

So erschreckend es sich auch anfühlen mag, wenn du beginnst, den Blick nach innen zu richten, und dabei wahrnimmst, was alles an destruktiven und negativen Programmen, Glaubenssätzen, Überzeugungen und Gefühlen in dir schwingt, ist es doch der erste kraftvolle Schritt in Richtung Transformation. Sobald die Dinge ins Bewusstsein treten, löst sich schon die erste Schmerzschicht und bildlich gesprochen beginnt Licht in die seelischen Wunden zu strömen. In diesem Kapitel zeige ich dir die Tools der Licht- und Schattenarbeit auf, die ich selbst anwende, wenn etwas in mir nach Heilung ruft. So kannst du dich auf den Weg machen und innere Arbeit in deinen Alltag integrieren. Und ich möchte immer wieder betonen, dass es hilfreich ist, dir einen Coach an die Seite zu holen, wenn du spürst, dass es dich überfordert.

Wenn man von innerer Arbeit spricht, gibt es zwei Kategorien: die Schattenarbeit und die Lichtarbeit.

In der Schattenarbeit geht es um das bejahende Fühlen und Wahrnehmen aller destruktiven Gedanken und Gefühle sowie um die Ursachenforschung.

Wenn man von Lichtarbeit spricht, geht es um das Umprogrammieren des Unterbewusstseins, indem ein neuer positiver Anker gesetzt wird, sowie um das Eintauchen in die Frequenzen von Fülle, Freude und Liebe. Meiner Ansicht nach braucht es beide Ansätze, um nachhaltige Veränderung zu initiieren.

Die Werkzeuge der Schattenarbeit sind:
- destruktive Glaubenssätze aufspüren und lösen
- das bejahende Fühlen aller schweren Gefühle
- Rückführung und Trancereisen

Die Werkzeuge der Lichtarbeit sind:
- Meditation
- Meditation mit dem Fokus auf mehr Fülle und Lebensfreude
- Frequenzarbeit: ein neuer Mindset
- Umprogrammierung des Unterbewusstseins
- Die Arbeit mit dem inneren Kind
- Coaching
- Die Verbindung mit deinem zukünftigen Ich
- Die Anbindung an die universelle Kraft

In den folgenden Abschnitten gehe ich auf alle Punkte im Detail ein. Schaue, mit welchen Punkten du beim Lesen besonders in Resonanz gehst. Das sind die Tools, zu denen du zukünftig den besten Zugang findest und die auch dir dienlich sein können.

Die Werkzeuge der Schattenarbeit

Destruktive Glaubenssätze aufspüren und lösen

Um negative Glaubenssätze aufzuspüren, hilft die Technik der Gedankenbeobachtung. Das ist eine Übung aus der buddhistischen Lehre wie auch aus der Yogapraxis. Wir sind nicht unsere Gedanken. Wir sind die Instanz dahinter, die fähig ist, die Gedanken zu beobachten. Dadurch bekommen wir einen gesunden Abstand zu dem, was es den lieben langen Tag in uns denkt. Denn wahrlich können unsere Gedanken uns krank machen und in eine Abwärtsspirale ziehen. Allerdings haben wir immer Einfluss darauf, können anfangen aufzuräumen und das negative Denken umprogrammieren.

Wenn du beginnst, deine Gedanken zu beobachten, wirst du mir Recht geben bei der Feststellung: Ist es nicht immer wieder spannend zu entdecken, was es in dir denkt? Ist dir bei dieser Beobachterpraxis aufgefallen, dass manche Dinge, die uns durch den Geist huschen, ganz schön schräg sind? Bei dieser Übung kommen wir sehr schnell Glaubenssätzen auf die Spur, die uns eher hinderlich als förderlich sind.

Glaubenssätze sind festgezurrte Überzeugungen wie etwa: „Alle Männer sind scheiße." „Ich bin nicht gut genug." „Das Leben ist anstrengend." „Ich habe es nicht verdient." „Ich bin es nicht wert, geliebt zu werden." „Allen steht das Glück zu, nur mir nicht." „So ein Scheiß passiert immer nur mir." Natürlich gibt es auch positive Glaubenssätze. Beispiele zum Thema Finanzen sind etwa: „Das Geld liegt auf der Straße, ich muss es nur aufheben." „Geld ist Energie und ich lasse sie bewusst fließen." Positive Glaubenssätze unterstützen uns im Leben, schenken uns Mut, Zuspruch und eine positive Grundhaltung zu allem, was ist.

Negative Glaubenssätze sind meist durch schlimme Erfahrungen entstanden oder sind uns im Kindesalter antrainiert worden, quasi von den Eltern mitgegeben worden. Und wenn es beispielsweise in dir denkt, dass alle Männer „scheiße" sind, dann wird dir die Außenwelt genau das immer wieder spiegeln. Nach dem universellen Gesetz der Resonanz kann es nicht anders sein. Wie innen, so außen. Daher ist es so wichtig, in unserem Denken aufzuräumen.

Der nächste Schritt in Richtung innerer Freiheit ist daher: Finde deine Glaubenssätze heraus. Und das geht recht einfach. Nimm einen ruhigen Moment, habe dabei ein entspanntes Gemüt (sei also nicht in Hast, Eile oder schlechter Laune), nimm ein Blatt Papier zur Hand und schreibe ganz spontan und ohne groß darüber nachzudenken die Antworten auf folgende Fragen auf (wir konzentrieren uns hier auf die Fragen im Beziehungsfeld und im Feld der Selbstliebe):

- Was denkst du über das Leben im Allgemeinen?
- Was denkst du über deine Eltern? Bist du in Frieden mit ihnen?
- Was denkst du allgemein über Liebesbeziehungen?
- Was denkst du über die aktuelle Situation in deinem Liebesfeld?
- Was denkst du über Männer im Allgemeinen?
- Wie siehst du auf dich selbst als Frau? Wie steht es um deinen Selbstwert, dein Selbstbewusstsein?

- Was denkst du über dich selbst in punkto Selbstliebe?
- Was denkst du über dich selbst in punkto Liebesbeziehungen?

Zu manchen Punkten kommen dir vielleicht gleich mehrere Überzeugungen und Statements in den Sinn, zum Beispiel zum Thema Beziehungen: „Ich ziehe immer die falschen Männer an. Alle dürfen in einer schönen Beziehung leben, nur ich nicht. Anscheinend habe ich es nicht verdient oder bin einfach nicht gut genug."

Schreibe alles auf, ganz unreflektiert. Lasse alles aus dir herausströmen, was dir in den Sinn kommt. Auch wenn du zu einem Punkt zwei Seiten aufschreibst. Lerne dich und dein Denken wirklich kennen.

Dringe vor in alle Schubladen und Winkel deines Geistes. Und finde dadurch heraus, was und wie es bewusst und unbewusst in dir denkt. Deine Gedanken bestimmen dein Sein und somit dein Leben.

Erneut wollen wir uns vor Augen halten, was quantenphysikalisch schon lange bewiesen ist: Unsere Gedanken sind reine Energie und sehr machtvoll. Daher ist es so essenziell und wichtig, genau und im Detail hinzuschauen.

Als ich diese Übung zum ersten Mal machte, mir zu allen Punkten alles aufgeschrieben hatte und danach meine Notizen anschaute, dachte ich nur: Auweia! Kein Wunder, dass manche Dinge im Außen genauso schieflaufen, wie sie es gerade tun, wenn es so in mir denkt!

„Du bist, was du denkst." Dieses weitreichende Zitat stammt ebenso von Buddha wie der Satz: „Deine Gedanken kreieren deine Welt."

Alles, ausnahmslos alles entsteht in dir. Dir kann das Leben keine Fülle bieten, wenn in dir der Mangel herrscht. Das Gesetz der Resonanz hat eine immense Power. Und wir können uns ihm nicht entziehen. Es sind die universellen Gesetze, nach denen das ganze Leben schwingt und funktioniert.

Ein tolles Buch zu diesem Thema ist *Das Gesetz der Resonanz* von Pierre Franckh. *The Secret – Das Geheimnis* von Rhonda Byrne war eines der ersten Bücher, die ich hierzu gelesen habe, und hat mich bis heute nachhaltig geprägt.

Nun schauen wir uns im nächsten Abschnitt an, wie du Glaubenssätze lösen und umprogrammieren kannst. Es kommt ein bisschen Arbeit und Zeitinvestition auf dich zu – aber es lohnt sich!

Ein Leben in Freude, Leichtigkeit und tiefer Zufriedenheit ist möglich! Und sogar mehr als das. Die höchste erfahrbare Stufe des menschlichen Daseins ist die Erfahrung der Liebe als Seinszustand. Hiermit meine ich die Liebe zum Leben und zu allem, was ist. Lebensfreude pur. Und dieser Weg ist jedem zugänglich, der bereit ist, seine alten Wunden zu heilen und in seinem Denken aufzuräumen und neue Straßen zu bauen.

Das Umprogrammieren negativer Glaubenssätze

Die Urschwingung unserer Seele ist Fülle, Freude, Leichtigkeit und ein liebendes Herz.

Wunderbar beobachten können wir das bei kleinen Kindern und Tieren. Sie sind, wenn alle ihre Grundbedürfnisse gestillt sind, vollkommen im Seinszustand der Freude und Leichtigkeit.

Über die Jahre machen wir als Kinder unsere Erfahrungen, zu denen natürlich auch unangenehme und schmerzliche Erlebnisse gehören. Und so kann es sehr schnell passieren, dass aufgrund negativer Erfahrungen, eines erlebten Traumas oder uns vorgelebter destruktiver Verhaltensweisen sich der Geist zu gewissen Themen seine Meinung bildet. Und schon ist ein Glaubenssatz entstanden.

Oft sind dies Überlieferungen aus dem Elternhaus. Einer meiner Freunde ist im finanziellen Mangel groß geworden. Die Eltern lebten nach ihren eigens kreierten Gesetzen: „Es ist nie genug da." „Egal wie sehr wir uns anstrengen, es reicht nie." Er hat dieses Muster eins zu eins übernommen und kämpft im Leben ständig mit seiner finanziellen Situation.

Die spannende Frage lautet: Wie drehe ich das um? Wie komme ich vom Mangel in die Fülle?

Manche Überzeugungen lassen sich allein durch Bewusstwerden verändern. Indem man darauf achtet und, sobald ein bestimmter Gedanke einen wieder überrennt, bewusst in die andere Richtung steuert, vom Mangel in die Fülle. So wird beispielsweise aus dem Glaubenssatz „Ich bin es nicht wert, geliebt zu werden" eine Umprogrammierung zu „Ich werde geliebt". Tut man dies kontinuierlich und immer wieder, findet eine Umkehrung statt. So kann dich die positive Formulierung als Affirmation im Alltag begleiten. Diese Lichtarbeit ist allerdings erst dann sehr nachhaltig, wenn sie in einem tief entspannten Zustand geschieht, wenn die Gehirnströme in die Ruhe finden (in der Neurowissenschaft spricht man vom sogenannten Alpha- und Theta-Bereich).

Meditation, Trancereisen, Tiefenentspannung und die Praxis des Yoga Nidra nutzen diesen Alpha- bzw. Theta-Zustand, um eine neue Programmierung im Unterbewusstsein zu verankern. Denn sie ist erst in diesem Zustand des Gehirns möglich, da hier der direkte Zugang zum Unterbewusstsein offensteht.

Zur Umprogrammierung von Glaubenssätzen findest du auf meiner Homepage eine geführte Meditation. Hier wird die Überzeugung im meditativen Raum (also im Alpha- und Theta-Zustand des Gehirns) umprogrammiert. Wenn man dies einige Wochen täglich praktiziert, ist der Weg in eine freiere, leichtere Zukunft geebnet.

Mehr dazu findest du im Abschnitt über die Lichtarbeit.

Manche Glaubenssätze sind allerdings sehr tief und hartnäckig. Hier bin ich eine große Freundin nicht nur der eben beschriebenen Lichtarbeit, sondern plädiere dafür, auch den Schattenanteil zu berücksichtigen, und das funktioniert über das Fühlen. Denn hinter jedem Gedanken steckt ein Gefühl. Nehmen wir an, dein dich quälender Glaubenssatz ist: „Ich bin nicht genug."

Schließe die Augen, atme einige Male tief durch und sage im Geist oder laut den Satz: „Ich bin nicht genug." Sofort entsteht ein Gefühl hierzu – sei es beispielsweise ein Druck im Brustkorb oder ein Zusammenziehen des Magens. Nun gilt es das Gefühl in seiner ganzen Bandbreite da sein zu lassen und zu fühlen.

Wiederhole den Satz noch einige Male und lasse das Gefühl sich voll zeigen. Lasse es da sein. Atme. Sobald wir bereit sind, unsere Gefühle in voller Intensität da sein zu lassen und pur zu fühlen, passiert ein Phänomen: Nach einiger Zeit lösen sie sich langsam auf. Und wenn du das Gefühl durchgefühlt und somit freigegeben hast, löst sich auch der entsprechende Glaubenssatz mehr und mehr im System auf. Du bist frei.

Klingt simpel – ist es auch. Manche Überzeugungen sind sehr tief, sodass es mit einmal Hindurchfühlen nicht getan ist. Dann braucht es vielleicht noch eine zweite und dritte Runde. Aber danach lassen sie dich gehen. Für immer. Wenn du dir dabei Begleitung wünschst: Auf meiner Homepage (www.vinyasa-yoga.de) findest du unter Audiogalerie eine geführte Meditation zur Gefühlsklärung, in der ich dich durch diesen Prozess führe und begleite.

Aus eigener Erfahrung weiß ich allerdings auch: Es gibt tief verkeilte Glaubenssätze, die sich mit allem Fühlen, Meditieren und Affirmieren nicht lösen lassen. Sie scheinen so fest im System zu hängen, dass nichts sie zu transformieren vermag.

Ich habe über Jahre mit allen Mitteln versucht, den Glaubenssatz „Ich bin es nicht wert, geliebt zu werden" in mir zu lösen. Ich konnte fühlen, dass er uralt ist und so gut wie nichts mit meinem jetzigen Leben zu tun hat. Trotzdem flog er mir immer wieder im Feld der romantischen Beziehungen um die Ohren. Nachdem zum erneuten Mal eine frisch aufkeimende Romanze nach einigen Wochen in die Brüche ging, dachte es sofort in mir: „Kein Wunder, dass es jetzt wieder kaputtgegangen ist. Ich bin es nicht wert, geliebt zu werden." Ich war damals zwar im Bewusstsein, dass dies ein sehr kranker Gedanke ist, war ihm aber gefühlt machtlos ausgeliefert.

Meine Rettung war es, mit der „MindWalking"-Methode zu arbeiten. Geführt von einem Trainer oder Coach geht man auf die Reise zum Ursprung. Zu dem Moment, in dem diese Überzeugung sich ins System einprogrammiert hat. Es ist die gleiche Methodik, mit der Trance- und Hypnosetherapeuten arbeiten, mit dem Unterschied, dass man beim MindWalking im Wachzustand ist. Durch die gezielte Fragestellung des Trainers oder Coachs kommt man Stück für Stück dem Ursprung näher, denn unser Unterbewusstsein hat alle jemals gemachten Erfahrungen aus diesem und vorherigen Leben wie in einer riesengroßen Datenbank gespeichert.

Nach meiner MindWalking-Sitzung fiel gefühlt ein riesiger mit Wackersteinen beladener Rucksack von mir ab – ich fühlte mich so leicht und frei wie nie zuvor. Und der alte Glaubenssatz ließ mich los.

Natürlich ist diese innere Arbeit mit Zeitaufwand verbunden. Aber wir haben die Wahl: Wollen wir uns unser ganzes Leben lang von limitierenden Glaubenssätzen und Überzeugungen quälen und einschränken lassen? Oder es anpacken, Schritt für Schritt in uns aufräumen und uns so freischaufeln von allem Destruktiven und Negativen? Was willst du von deinem Leben? Willst du mit dem mittelmäßigen Strom mitschwingen, in dem es normal ist, zu jammern und zu klagen, und die Dinge stillschweigend hinnehmen oder willst du innere Freiheit?

Mein persönliches Ziel ist innerer Frieden, sodass die Lebensfreude stetig durch mich hindurchfließen kann. Denn das tut sie automatisch, sobald wir in uns aufgeräumt haben. Die Reise dorthin beginnt immer im Inneren. In unserem Denken und Fühlen. Ich bin seit einigen Jahren auf diesem Weg. Und konnte schon so viel Schwere aus meinem System ziehen.

Ein Sein in viel mehr Leichtigkeit, Lebensfreude und guter Laune ist möglich. Und neue positive Erfahrungen kommen automatisch in dein Leben, sobald du mit der inneren Arbeit beginnst.

Sei es dir wert. Alles beginnt bei dir.

Das bejahende Fühlen aller schweren Gefühle

Wie im vorherigen Abschnitt bereits beschrieben, ist ein wichtiges Tool, um destruktive Programme im Inneren zu lösen, das bejahende Fühlen von allem, was da ist. Ein Jasagen zu dem, was ist. Wir sind darauf trainiert, unschöne Gefühle weghaben zu wollen. Wir lenken uns ab, greifen auch gerne zu Medikamenten wie Antidepressiva oder ertränken den Schmerz im Alkohol. Doch kann das bejahende Zulassen der schweren Gefühle wie Trauer, Wut oder Enttäuschung ein wichtiger Schlüssel in die Freiheit sein. Traue dich, ja zu sagen zu dem, was da ist. Und nimm dir Zeit für deine Gefühlswelt. Habe ein Date mit dir und deiner Seele, indem du eintauchst in den inneren Raum. Wo alles da sein darf, alles bejahend gefühlt wird.

„Unsere Gefühle sind wie kleine Kinder. Sie wollen Aufmerksamkeit und Beachtung. Wenn wir unsere Gefühle wegdrücken, gehen sie in den Keller und machen dort Krafttraining. Um dann eines Tages mit noch mehr Kraft unsere Tür einzurennen." Das lernte ich vor vielen Jahren auf einem Seminar.

Nehmen wir an, du hast gerade viel Traurigkeit in dir. Höre auf, dich gegen sie zu wehren und sie weghaben zu wollen. Stattdessen nimm sie in den Arm und sei ganz mit ihr. Nimm dir eine Auszeit vom Alltag, lege dich auf die Couch, entspanne dich und erlaube dir, ganz einzutauchen in das Gefühl von Traurigkeit. Sie bejahend zu fühlen, anzunehmen und mit ihr zu sein. Zu fühlen und tief zu atmen. Ja zu sagen. Mehr braucht es nicht. Und du wirst feststellen, wenn du eine Zeit lang bewusst gefühlt hast, wird es auf einmal leichter. Die

Enge und Dichte beginnen sich aufzulösen. Lasse dies zu einem Ritual werden.

Nimm dir im Alltag immer wieder die Zeit, mit dem zu sein, was gerade da ist. Heiße alle Gefühle willkommen, lasse sie da sein, um sie mit allen Facetten zu fühlen und zu atmen.

Rückführung und Trancereisen

Wie im Abschnitt über das Lösen von Glaubenssätzen bereits erwähnt, ist eine Methode, um destruktive Programme in die Heilung zu führen, das Zurückkreisen zum Ursprung. Hin zu dem Punkt, an dem das Trauma unser Denken und Fühlen so beeinflusst hat, dass es nach wie vor Einfluss nimmt und immer wieder reaktiviert wird.

Unser Unterbewusstsein hat alle Situationen, Erfahrungen und Erlebnisse gespeichert, die wir jemals gemacht haben, vom Anbeginn der Zeit unserer Existenz. Wenn wir hier die Reinkarnationstheorie einbeziehen, den Glauben daran, dass unsere Seele unsterblich ist und wir bereits viele vorherige Leben gelebt haben, können uns im heutigen Leben auch Traumata belasten, die aus einer anderen Zeit stammen.

Eine meiner Freundinnen litt viele Jahre an schlimmster Flugangst. Da sie allerdings beruflich viel fliegen musste, beschloss sie eines Tages, sich auf die Suche nach dem Ursprung ihrer Angst zu begeben, und machte eine Rückführung. Sie wurde unter Trance vom Therapeuten an den Punkt geführt, an dem ihre Angst ihren Ursprung hatte. In der Trance reiste sie in das Leben zurück, in dem sie die Erfahrung gemacht hatte, mit dem Flugzeug abzustürzen. Durch das erneute Erleben dieser Situation löst sich die Spannung im System auf, der Druck wird herausgenommen. Das Bewusstsein kann eindeutig erkennen, dass die aktuell empfundene Angst nichts mit dem Hier und Jetzt zu tun hat, sondern an ein längst vergangenes Erlebnis gekoppelt ist.

Heute steigt meine Freundin zwar immer noch mit einem leicht mulmigen Gefühl ins Flugzeug und ist immer sehr dankbar, wenn der Flug vorbei ist, aber die Angst hat sich aufgelöst.

Es gibt viele gute Therapeuten, die mit Trance und der Rückführungstherapie arbeiten. Wenn ein hartnäckiges Thema in dir festsitzt, kann ich dir diese Technik sehr empfehlen.

Die Werkzeuge der Lichtarbeit

Meditation

Das Wort Meditation stammt von lateinisch *meditatio* ab, was „nachdenken, überlegen, nachsinnen" bedeutet. Die Meditation ist ein Weg, um sich selbst zu finden, zur Ruhe zu kommen und den sogenannten „Monkeymind" (den ständigen Gedankenfluss) zu beruhigen. Ziel ist es, sich mit dem inneren Raum der Stille, der jenseits des Verstandes und des Denkens liegt, zu verbinden. Der Geist ist im Zustand der Meditation völlig wach und klar, aber gleichzeitig ruhig und entspannt.

Meditation ist die Verinnerlichung aller Denkvorgänge. Sie lässt sich als ein Erfahrungsakt der reinen Beobachtung beschreiben, bei dem das menschliche Ego und seine Gedanken keine Rolle mehr spielen. Voraussetzung dafür ist, dass der Meditierende seine geistige Energie über lange Zeit fokussieren kann, ohne abgelenkt zu werden. Der Zustand der Zeitlosigkeit und der kosmischen Verbundenheit wird erfahrbar.

Die Meditation wird auch als müheloses Verweilen im Hier und Jetzt, als Erfahrung des „Einsseins" beschrieben. Sie ist ein Zustand von tiefem innerem Frieden, Freiheit und Weite. Einfach zu sein – als Beobachter, stiller Zeuge, ohne Bewertung des Geschehens und der Gedanken. Das Bewusstsein wird erweitert, vertieft, erhöht und öffnet sich für einen Bewusstseinsraum des Nichtdenkens und Nichtwissens. Dadurch kommen wir in Kontakt mit den Kräften der Intuition, Inspiration, Kreativität und unserem liebevollen Selbst. Der Fokus sollte sein, mit unserem Herzen in Kontakt zu kommen, in die Selbstliebe und in die Akzeptanz zu gehen.

So profitiert man auch in schwierigen Situationen im Alltag, da durch das regelmäßige Meditieren der Geist ruhiger, liebevoller und gelassener auf diverse Probleme reagiert. Achtsamkeit und Bewusstheit für den Alltag werden durch die Meditation geschult.

In der modernen westlichen Welt wird Meditation ohne jeglichen spirituellen Ansatz als Mittel zur Stressreduktion eingesetzt.

Meditation ist das machtvolle Werkzeug, das uns zur Verfügung steht, um in Balance und in die eigene Kraft zu finden. Es gibt unzählige Wege und Formen der Meditation. Ich bin selbst ein großer Fan von geführten Meditationen, die darauf ausgelegt sind, uns in eine höhere Stimmungsfrequenz zu führen. So kann das regelmäßige Meditieren auf

Lebensfreude dich tatsächlich in einen freudvollen Zustand führen, der fortwährend anhält.

Wir erinnern uns: Alles ist Energie. Unsere Gedanken und Gefühle sind elektromagnetische Strömungen, die physikalisch messbar sind. Und über das Meditieren haben wir ein Kraftwerkzeug an der Hand, das uns den Weg zeigt, unsere Stimmung, sprich unsere Frequenz, zu erhöhen und uns hier zu festigen. Im Abschnitt über die Frequenzarbeit gehe ich noch tiefer auf dieses Thema ein.

Ich selbst meditiere seit einigen Jahren täglich mit den geführten Meditationen von Dr. Joe Dispenza (Forscher in den Fachbereichen Meditation, Neurowissenschaft und Quantenphysik). Mein morgendliches Ritual ist es, mich mit der Meditation in die Frequenz von Freude und Leichtigkeit einzuschwingen. Über diese Praxis habe ich es geschafft, meine depressiven Episoden, die mich jahrelang begleiteten, in die Heilung zu bringen.

Neurowissenschaftliche Studien zeigen auf, dass das Meditieren die Selbstheilungskräfte des Körpers aktiviert und dem Meditierenden den Weg in Richtung Heilung ebnet.

Meditation heilt, nährt, stärkt unsere Resilienz, bringt die Gedanken in die Ruhe und hält uns den Raum auf dem Heilungsweg.

Und es ist gar nicht schwer, in die regelmäßige Praxis zu finden. Suche dir eine geführte Meditation heraus, mit der du in Resonanz gehst, bei der du die Sprecherstimme sowie die unterlegte Musik magst. Beginne mit einer kurzen Meditation von 10 bis 20 Minuten. Du musst nichts tun, außer einen bequemen Sitz zu finden und dich durch die Meditation führen zu lassen. Praktiziere sie über sechs Wochen täglich, am besten in den Morgen- oder Abendstunden, da hier der Geist besonders empfänglich ist.

Wenn wir etwas sechs Wochen wiederholen, wird es zur Gewohnheit. Es wird ein Teil von uns. Du wirst nach wenigen Wochen feststellen, wie gut es dir tut, diese geführte Meditation zu praktizieren. Und du wirst sie nicht mehr missen wollen.

Meditation mit dem Fokus auf mehr Fülle und Lebensfreude

Durch mein Eintauchen in die Lehre von Dr. Joe Dispenza lernte ich, dass unsere gesamte Welt aus Schwingungsfeldern und Frequenzen besteht.

Dr. Joe hat Meditationstechniken entwickelt, die Körper und Geist neu konditionieren und in einen Zustand von Fülle, Freude, Wohlsein und Gesundheit bringen und die es ermöglichen, übersinnliche Erfahrungen zu machen. Der wissenschaftliche Aspekt seiner Arbeit ist ihm besonders wichtig. So werden in seinen Workshops die Gehirnströme seiner Studenten ausgewertet, um zu schauen, wie das Gehirn auf die Meditationen reagiert und was genau neuronal geschieht. Weiter untersucht er die Auswirkungen der Meditation auf die Biochemie des Körpers (beispielsweise auf die Hormonausschüttung oder die Reaktion des Immunsystems). Seine Ergebnisse und Studien sind atemberaubend.

So hat eine seiner Studien gezeigt, dass unser Immunsystem sofort gestärkt wird, sobald wir in einer sehr freudigen und positiven Gemütsverfassung sind.

Weiter hat er wissenschaftlich belegt, dass unsere Gedanken und Gefühle reine, messbare Energie sind. Unser Körper ist umhüllt von einem elektromagnetischen Feld, das von unseren Gedanken und Gefühlen gespeist wird. Wenn wir hoch schwingen, also sehr in der Lebensfreude und Fülle verankert sind, ist unser elektromagnetisches Feld sehr kraftvoll und stark. Wenn wir niedrig schwingen, zum Beispiel in der Angst, Traurigkeit oder Hoffnungslosigkeit sind, nimmt es deutlich an Kraft ab. Dann sind wir anfälliger für Stress, Krankheit und Unwohlsein.

Weiter belegt er durch die Forschung der Quantenphysik, dass ein universelles Gesetz besonders stark unser Leben bestimmt: das Gesetz der Resonanz. Gleiches zieht Gleiches an. Wenn wir also in der Liebe und Freude und Dankbarkeit verankert sind, ziehen wir automatisch, wie ein Magnet, immer mehr Dinge und Ereignisse an, die uns noch mehr in die Freude bringen.

Durch das tägliche Meditieren mit seinen speziell darauf ausgelegten Meditationen, die Geist und Körper umprogrammieren, gelingt es tatsächlich, einen komplett neuen Gemütszustand in Fülle und Freude zu kreieren.

Besonders fasziniert mich, dass seine gesamte Lehre wissenschaftlich belegt ist und sich daher auch sehr kritische, rationale Menschen davon überzeugen lassen, dass Meditation ein tatsächliches Heilmittel darstellt, und dies auf so vielen Ebenen.

Die Kraft der Manifestation – wie ziehe ich das in mein Leben, was ich mir wünsche – hat Dr. Joe in eine neue Dimension gerückt.

Frequenzarbeit: ein neuer Mindset

Basierend auf der Lehre der Quantenphysik, dass unsere Gedanken und Gefühle Schwingungen erzeugen, sprich in einer gewissen Frequenz schwingen, und dass unser gesamtes Umfeld darauf reagiert, ist es entscheidend, wie wir uns ausrichten.

Achte mehr und mehr im Alltag darauf: Wie „schwinge" ich? Welche Qualität haben meine Gedanken und somit auch meine Gefühle? Wenn wir negativ denken, erzeugen wir dazu die dementsprechende Emotion. So entsteht in schwierigen Zeiten eine Abwärtsspirale: Negative Gedanken erzeugen negative Gefühle und es zieht uns im Strudel immer mehr in die Destruktivität. Und nach dem Gesetz der Resonanz reagiert das Außen dementsprechend.

Wir haben die Möglichkeit, dies jederzeit umzuwandeln. Indem wir unsere Gedanken, den Mindset, neu ausrichten. Das Leben geschieht von innen nach außen. Wenn wir uns von innen heraus stärken, verändern wir unsere Schwingungsfrequenz und das Leben, sprich alle Erfahrungen und Möglichkeiten, reagiert darauf, geht damit in Resonanz.

Prüfe täglich aufs Neue: Welche Qualität haben meine Gedanken? Denkt es eher destruktiv oder negativ in mir? Falls ja: Drehe es um! Wir haben die freie Wahl. Und können uns jeden Tag aufs Neue dafür entscheiden, lösungsorientiert die Qualität unserer Gedanken zu beeinflussen.

Über die Technik der Gedankenbeobachtung, die ich bereits im Abschnitt über die Glaubenssätze vorgestellt habe, können wir jederzeit Einfluss nehmen. Wenn du dir gewahr wirst, dass dein Denken dich klein hält und nach unten zieht, entscheide dich bewusst für ein neues, zielorientiertes Denken. Beginne zu hinterfragen, was es in dir denkt.

Ein tolles Werkzeug dazu sind Affirmationen. Dies sind positiv formulierte Leitsätze, die uns in die Kraft und Selbstbestimmtheit führen. Du kannst alles in eine Affirmation packen. Affirmation oder lateinisch *affirmatiō* heißt übersetzt Versicherung oder Beteuerung und steht in der Theorie für eine bejahende und zustimmende Haltung. Als Glaubenssätze verkörpern Affirmationen deine Einschätzung dir selbst gegenüber und sind als Ich-Aussagen formuliert.

Eine Studie, die 2016 im *British Journal of Health Psychology* erschienen ist, hebt hervor, dass Affirmationen bei den Beteiligten zu einer glücklichen, optimistischen und hoffnungsvollen Einstellung bei gleichzeitig weniger Wut und Trauer geführt haben. Affirmationen können also ein richtig starkes Werkzeug sein, um negative Gedanken zu minimieren.

Negative durch positive Affirmationen auszutauschen bedeutet jedoch nicht, sich Dinge einzureden, an die man nicht glaubt, oder sich selbst zu belügen. Damit du von den Affirmationen profitierst, sollten sie relevant und auf dein Leben und deine Ziele zugeschnitten sein.

Ich habe nachstehend einige Affirmationen für dich zusammengetragen. Vielleicht gehst du mit einer oder mehreren dieser Affirmationen in Resonanz.

- Ich bin genug.
- Das Leben ist für mich.
- Ich verdiene es, glücklich zu sein.
- Ich lerne, mir selbst die beste Freundin zu sein.

- Ich vertraue, dass sich alles zu meinem Besten fügen wird.
- Ich lerne, mich selbst zu lieben.
- Ich liebe und akzeptiere mich so, wie ich bin.
- Ich darf nein sagen.
- Ich lasse alles los, was mich herunterzieht.
- Ich ehre und wertschätze mich selbst.
- Ich erfahre, was wahre Selbstliebe ist.
- Ich bin mir selbst genug.
- Ich werde geliebt.
- Ich entscheide mich für die Freude in meinem Leben.
- Ich lade Freude und Fülle in mein Leben ein.
- Ich heile und wachse in meine wahre Größe.
- Ich vertraue dem Leben.
- Ich weiß, dass sich alles zu meinem Besten fügt.

Finde die für dich passende Affirmation und gehe damit. Nimm sie mit in deinen Tag, lasse den Satz immer wieder in dir schwingen und tauche in das dazu passende Gefühl von Weite, Stärke, Leichtigkeit und Freude ein. Die innere Veränderung geschieht über das Fühlen.

Erinnere dich jeden Tag daran, dass es wichtig ist, dich auf das auszurichten, was du wirklich willst, anstatt dich von deinem Denken in eine negative Abwärtsspirale ziehen zu lassen.

Ein weiterer wichtiger Baustein für einen neuen Mindset ist eine Bestandsaufnahme: Schaue einmal genau hin. Worauf richtest du deine Aufmerksamkeit tagtäglich, womit fütterst du tagtäglich deinen Geist?

Alles, womit dein Geist sich beschäftigt, hat Einfluss auf dich. Achte darauf, deinen Geist ausschließlich mit Dingen zu füttern, die deine Energie hoch halten, anstatt sie nach unten zu ziehen.

So praktiziere ich beispielsweise seit vielen Jahren mediales Detox. Ich habe früh festgestellt, dass das Konsumieren der täglichen Nachrichten mir nicht guttut, sind sie doch meist negativ und schüren Angst und Unwohlsein. Ich schaue seither kein Fernsehen, höre kein Radio und lese keine Zeitungen.

Ich informiere mich ab und an in meinen Nachrichten-Apps darüber, was in der Welt passiert, vermeide es aber, mich tiefer in den Sumpf der Negativität hineinziehen zu lassen. Wenn ich Filme und Serien schaue, achte ich darauf, dass es Inhalte sind, die mir guttun und mich in ein Gefühl von Leichtigkeit und Freude versetzen. Ich füttere meinen Geist mit Zeitschriften, Büchern und Podcasts, die mir auf meinem Weg dienlich sind, mich unterstützen und mich fordern und fördern.

Wohin geht deine tägliche Aufmerksamkeit? Womit fütterst du deinen Geist? Achte ab heute viel genauer darauf. Denn alles, was du an Informationen konsumierst, hat einen Einfluss auf dich.

Umprogrammierung des Unterbewusstseins

Um nachhaltige Veränderung zu bewirken, braucht es die Initiierung im Unterbewusstsein. Das Unterbewusstsein ist der Teil in uns, in dem alles gespeichert ist, was wir jemals erlebt haben. So ist hier auch der Sitz negativer Glaubenssätze, erlebter Traumata und negativer Gefühlsspiralen. Neben dem Arbeiten mit Affirmationen im Alltag beschleunigst du die Veränderung in eine neue, stabile innere Ausrichtung maßgeblich, wenn du dir dein derzeitiges Thema im Unterbewusstsein groß machst. Um den Zugang hierzu zu bekommen, braucht es deine tiefe Entspannung. Sobald wir in einen meditativen Zustand finden, beruhigen sich die Gehirnströme und gleichzeitig geht das Tor zum Unterbewusstsein weit auf. Und dafür braucht es nicht zwingend eine Trancereise oder eine tiefe Meditation.

Du kannst es leicht in deinen Alltag integrieren. Lege dich dafür auf die Couch, lasse dich von Entspannungsmusik in einen inneren Raum des Wohlseins und der Ruhe führen und hole dir dann deine Affirmation dazu. Lasse sie in dir schwingen, wiederhole sie innerlich mehrfach und tauche in das dementsprechende Gefühl dazu ein.

Wenn die Affirmation beispielsweise „Ich bin mir selbst genug und liebe und akzeptiere mich so, wie ich bin" ist, tauche im Entspannungsmoment in diese Energie ein. Und erlaube dir, dich von all den schönen Gefühlen durchfluten zu lassen. Übe es so lange, bis du fühlen kannst, dass du zu diesem Gefühl geworden bist, dass es jede Zelle deines Körpers erreicht hat.

Um nachhaltige Veränderung zu bewirken, empfehle ich dir, dies sechs Wochen lang täglich zu praktizieren. In dieser Zeit beginnt aus dem Samen, den du neu im Unterbewusstsein gepflanzt hast, eine Blume zu erblühen. Mache ein Entspannungsritual am Morgen oder am Abend oder in der Mittagspause daraus. Gehe los für dich und dein neues Ich.

Die Arbeit mit dem inneren Kind

Das innere Kind ist die jüngere Version, der **kindliche Anteil in dir**, der eine **emotionale Verletzung** oder **Traumatisierung erfahren hat**, die noch nicht geheilt ist. Du hast den emotionalen Schmerz nur verdrängt und unterdrückt, da du als Kind keine andere Bewältigungsstrategie hattest. Die Arbeit mit dem inneren Kind wird in vielen psychotherapeutischen Heilmethoden angewandt. Es ist eine Reise in die Vergangenheit, zum Beispiel zu der Vierjährigen in dir, die gerade in großem Schmerz ist.

Ich integriere die Arbeit mit dem inneren Kind in alle meine Heilungsrituale. Ich weiß, dass es mehrere Stationen in meiner Kindheit gab, die sehr traumatisierende Auswirkungen hatten.

Um die Arbeit mit dem inneren Kind besser zu verdeutlichen, berichte ich dir von meinen eigenen Erfahrungen und Traumata, die ich als Kind durchlebt habe.

Als acht Monate altes Baby erlitt ich eine schwere Verbrennungswunde. Um sie zu behandeln, kam ich im Krankenhaus in Isolation, meine Eltern durften nicht zu mir ans Bett. Ich war an Händen und Füßen fixiert, sodass die Verbrennungswunde täglich behandelt werden, ich selbst sie aber nicht anfassen konnte. Daraus ist ein Isolationstrauma entstanden, das ich bis weit ins frühe Erwachsenenalter mit mir trug. Es zeigte sich daran, dass ich panische Angst vor dem Alleinsein hatte. Und mein vierjähriges Ich erlitt ein weiteres Trauma, als meine Mutter von heute auf morgen in die Klinik musste und ich über Wochen bei Freunden untergebracht wurde. Eine Wunde des Alleingelassen-Werdens entstand daraus in mir.

Heute nehme ich in jeder Meditation, die ich praktiziere, diese beiden inneren Kinder in den Arm, mein acht Monate altes Baby und das vierjährige Mädchen. Ich kuschle mit ihnen und versichere ihnen: Ich bin da. Ich, die Erwachsene, halte euch in meinem Arm und schenke euch nun all das, was es für euch braucht: Geborgenheit, Nähe, Liebe und Verbundenheit. Ich lasse Licht in die Vergangenheit fluten.

Auch wenn es für unseren menschlichen Geist rational nicht erklärbar ist, da wir die Zeit als linear wahrnehmen, haben wir doch immer Einfluss auf die Vergangenheit und auch auf die Zukunft.

Die Quantenphysik verfolgt die Theorie, dass es nur den einen Moment gibt, das ewige Jetzt. Dass alle Zeitdimensionen parallel existieren. Auch wenn wir es vom logischen Denken her nicht begreifen, ist es doch ein wundervoller Gedanke, dass wir auch rückwirkend Veränderung initiieren können.

Traumata aus der Kindheit können die Eigenschaft haben, sich so lange zu reproduzieren und zu bewirken, dass wir immer wieder die gleichen Erfahrungen machen, bis die alte Wunde in die Heilung gefunden hat.

Kürzlich sah ich eine Reportage über Ghosting. Eine junge Frau machte die Erfahrung, dass ihr neuer Freund, mit dem sie seit einigen Monaten glücklich verliebt in einer Beziehung war, sie von heute auf morgen ignorierte, sich tot stellte, nicht mehr erreichbar war und auf allen Kanälen blockierte (eine sehr krankhafte Vermeidungsstrategie bei Angst vor echter Nähe). In der Reflexion nahm sie wahr, dass dieses Ereignis sie an ihre Kindheit erinnerte. Sie wurde als kleines Mädchen von ihrer Mutter im Waisenhaus abgegeben und später adoptiert.

Diese Wunde, dass die Mutter von jetzt auf gleich nicht mehr da war, sie sich im Stich gelassen fühlte, einsam und verzweifelt war, hatte sich in der aktuellen Situation mit ihrem neuen Freund reproduziert.

Hier geht es nun auch darum, dass sie Kontakt aufnimmt zu dem kleinen Mädchen in ihr, das einsam und voller Angst im Waisenhaus ist. Um sie in den Arm zu nehmen, sie zu trösten und zu halten. Und ihr zu sagen: Ich bin jetzt für dich da. Die ganze Zeit. Ich, die Erwachsene, passe ab jetzt auf dich auf und schenke dir all die Liebe und Zuversicht, damit es dir gut geht.

Um tiefer in diese Thematik einzutauchen, empfehle ich dir das Buch *Das Kind in dir muss Heimat finden* von Stefanie Stahl.

Coaching

Mir ist es ein großes Anliegen, dir mit diesem Buch alle Tools an die Hand zu geben, um dir selbst der beste Coach zu sein und deine Heilreise kraftvoll und nachhaltig zu gehen. Dennoch bin ich ein großer Fan davon, sich in schwierigen Lebensphasen Unterstützung zu holen. Denn bei manchen Herausforderungen kommen wir allein oft nicht weiter. Wenn du merkst, du schaffst es nicht, gönne dir einen Coach. Jemanden, der sich auf dein Thema spezialisiert hat und dich durch den Prozess begleitet und führt. Ein Coach, der sich der Licht- und Schattenarbeit bewusst ist und weiß, dass bloßes Reden keine wirkliche Veränderung nach sich zieht.

Die Verbindung mit deinem zukünftigen Ich

Die Quantenphysik lehrt uns, dass die Energie immer der Aufmerksamkeit folgt. Ich weiß, ich wiederhole mich. Aber es ist so wichtig, dies zu verinnerlichen!

Und wenn wir unseren Fokus auf Heilung und Transformation legen, nehmen die Prozesse der Veränderung ihren Lauf. Alles ist möglich. Somit ist es auch möglich, dass es eine Version von dir in der Zukunft gibt, die es geschafft hat. Die in Fülle, Freude und Harmonie ist, für die alle Herzenswünsche in Erfüllung gegangen sind. Nimm Kontakt auf zu deinem zukünftigen Ich. Sieh diese Version von dir vor deinem inneren Auge. Wie sie strahlt. Wie sie sich fühlt. Und entwickle den festen Glauben daran, dass du es schaffen wirst. Und dass das Leben und deine innere Arbeit dich Tag für Tag mehr in die freudvolle Zukunft ziehen.

Die Anbindung an die universelle Kraft

Wie bereits erwähnt, brauchst du nicht alles allein zu stemmen. Die universelle Kraft wartet nur darauf, dass du sie in dein Leben einlädst, um dich zu unterstützen. Bitte das Leben, Gott, das Universum um Hilfe. Und sie wird ganz gewiss kommen.

Nun habe ich dir verschiedene Techniken der Licht- und Schattenarbeit nähergebracht. Doch wo anfangen? In Kapitel 9 gebe ich dir praktische Alltagstipps, wie du diese Tools nutzen und in dein Leben integrieren kannst. Vielleicht bist du bei dem einen oder anderen Punkt mit einem Tool besonders in Resonanz gegangen, mit einem anderen Tool möglicherweise auch weniger. Nutze das, womit du dich gut fühlst, wo es dich hinzieht. Es gibt viele Wege. Und dein Weg darf ganz individuell an dich und deine Bedürfnisse angepasst werden.

KAPITEL 8
Die Urwunde heilen: Die erste Beziehung deines Lebens

Wenn wir Frauen Drama und Schmerz im Beziehungs-feld erleben, dürfen wir zur ersten Beziehung unseres Lebens genau hinschauen. Und das ist unser Vater. Die wenigsten Menschen sind in einer rundum glücklichen und behüteten Kindheit groß geworden. Die emotionalen Wunden, die in Kindheitstagen entstanden sind, wirken oft bis ins Erwachsenenalter nach, da wir als Kind keine Strategie zur Verfügung hatten, um damit umzugehen. Wir haben den Schock nicht verarbeitet, er steckt noch in uns fest. Somit sind die großen und kleinen emotionalen Verletzungen und Traumata aus den ersten Jahren unseres Lebens nach wie vor in uns gespeichert und wirken unbewusst nach. Nicht selten geraten Frauen im Erwachsenenalter genau an den Typ von Mann mit ähnlichen Verhaltensmustern, wie einst der Vater das kleine Mädchen behandelt hat. Wir suchen uns unbewusst genau den gleichen Typ heraus, weil wir als Kind erfahren und abgespeichert haben, dass es so zu sein hat, dass das Liebe ist.

Bist du in Frieden mit deinem Vater, egal ob er noch lebt oder bereits gestorben ist? Hast du ihm verziehen, falls er nicht fähig war, dir die Liebe zu schenken, die du dir als kleines Mädchen von ihm so sehnlichst gewünscht hast?

Um diese alte Wunde zu heilen, braucht es dein Annehmen und dein Verzeihen. Aus der Sichtweise, dass dein Vater sein Bestes gegeben hat und es aus eigenen Erfahrungen und Prägungen, aus eigenen emotionalen Wunden heraus nicht besser konnte.

Schreibe einen Brief an deinen Vater. Schreibe alles nieder, was dir auf dem Herzen liegt. Erlaube dir, in diesem Brief alles zum Ausdruck zu bringen, was in dir präsent ist. Wenn da noch Wut, Verletzung, Anschuldigung, Enttäuschung und ein verletztes Herz sind: raus damit! Das geschriebene Wort besitzt eine immense Kraft der Transformation. Diesen Brief schreibst du für dich und deinen Seelenfrieden. Du musst ihn nicht abschicken.

Was für mich in diesem Prozess ebenfalls sehr heilsam war, war die Begegnung mit meinem Vater im meditativen Raum. Ich habe eine geführte Meditation praktiziert, damit ich tief entspannt sein konnte, und habe mich danach in meiner Vorstellung mit meinem Vater zusammengesetzt. In diesem Gespräch sagte ich ihm alles, was mir auf dem Herzen lag, und ließ ihn dann sprechen. Ich war sehr erstaunt, was er mir in diesem „geistigen Gespräch" alles mitteilte. Mir liefen die Tränen vor Ergriffenheit. Auf einmal konnte ich ihn so sehr fühlen und verstehen. In diesem Moment geschahen Heilung, Nachsicht, Vergebung und Verständnis. Mein Vaterthema kam in diesem Moment in Balance. Als ich ihn das nächste Mal im realen Leben traf, fühlte ich tiefe Liebe und ein weites Herz ihm gegenüber. Viel mehr als zuvor.

Diese Erfahrung zeigte mir einmal mehr, wie wichtig Vergebung ist. Den ganzen Groll, den wir mit uns herumtragen, richten wir zwar gegen eine andere Person, verletzen uns allerdings nur selbst damit. Denn der Groll, das Verletztsein, verdunkelt unser Herz und nimmt Einfluss auf alle weiteren Erfahrungen, speziell mit Männern. Kannst du verzeihen? Übe dich darin. Auch wenn du nie wieder mit deinem Vater in Kontakt kommen magst. Verzeihen darf auch leise und still geschehen. Es ist die Energie von Verständnis und Akzeptanz, dass dieser Mensch es zum damaligen Zeitpunkt aufgrund seiner eigenen inneren Dramen einfach nicht besser wusste und konnte. Erlaube dir, frei zu werden. Und dafür braucht es dein verständnisvolles, nachsichtiges Herz.

Auch andere traumatische Erfahrungen aus der Kindheit können dein Beziehungsfeld negativ beeinflussen. Ein Trauma des Verlassenwerdens (wie beispielsweise im Abschnitt „Der verlorene Zwilling" beschrieben), das noch nicht angeschaut und geheilt wurde, kann sich ebenfalls in deinen Beziehungserfahrungen bemerkbar machen, indem das Gefühl von Verlust oder Verlassenwerden immer wieder Thema ist.

Es kann sich auch darin äußern, dass es dir sehr schwerfällt, einem anderen Menschen zu vertrauen. Es gibt unzählige Möglichkeiten, wie ungelöste Kindheitstraumata sich zeigen können. Habe bitte immer im Hinterkopf, dass es dafür Spezialisten wie Therapeuten und Coaches gibt, die dir helfen, Heilung zu finden. Gerade wenn der Rucksack, den du mit dir herumträgst, besonders belastend und schwer ist: Hole dir emotionale Begleitung und Unterstützung an die Seite.

Die Liebhaberwunden
der Vergangenheit heilen

Bist du in Frieden mit deinen ehemaligen Liebespartnern?
Oder braucht es auch hier deine Bereitschaft zu vergeben?

Ich nahm kürzlich ein Gespräch zwischen zwei Freundinnen am See wahr. „Hätte mein Ex-Mann mich nicht wegen der anderen verlassen, wäre mein Leben heute in Ordnung." Fühle einmal, was in dieser Aussage alles an emotionalem Kummer steckt. Solange du einem anderen Menschen die Schuld an deinem Unglücklichsein gibst, gibst du deine Macht ab. Die Macht, Einfluss zu haben auf dein Leben, selbstbestimmt und souverän zu agieren und deinen weiteren Weg mit Kraft und Zuversicht zu gehen.

Schließe auch im Feld der Ex-Liebhaber Frieden mit den Dämonen deiner Vergangenheit. Auch wenn es Zeit braucht. Wenn du beispielsweise noch tief enttäuscht bist von deiner letzten Erfahrung im Liebesfeld: Das darf da sein. Fühle die Enttäuschung, das verletzte Herz, den Kummer und die Traurigkeit. Es geht nicht darum, alles in rosarote Watte zu packen. Wenn ich zurückschaue, fallen mir einige Situationen ein, in denen sich mein damaliger Lover mir gegenüber so unsagbar mies verhalten hat, dass ich ihm den Teufel an den Hals wünschen müsste.

Doch ich habe über die Jahre gelernt, mit Nachsicht und Verständnis auf den jeweiligen Menschen zu schauen. Denn niemand ist von Grund auf schlecht oder böse. Hinter jedem destruktiven Verhalten steckt ein Mensch mit emotionalem

Ballast, Überforderung, ungelösten eigenen Schattenthemen und verletztem Herz. Und mit dem Bewusstsein, dass man sich nicht ohne Grund begegnet ist, sondern dass sich hier ein Lern- und Entwicklungsprozess für beide Seiten offenbart, lassen sich Vergebung und Nachsicht deutlich leichter verinnerlichen.

Schreibe sie alle auf einen Zettel, die Namen deiner Ex-Liebhaber. Und fühle. Bist du mit allen in Frieden? Wo braucht es noch deine Bereitschaft, endgültig loszulassen und zu vergeben? Vielleicht sind die beim Vaterthema beschriebenen Tools auch hier für dich richtig (einen Brief schreiben, sich im geistigen Raum begegnen). Deine Fähigkeit, vergeben zu können und zu wollen, macht dich frei. Du tust es für dich.

KAPITEL 9
Die praktische Umsetzung: So nutzt du die Tools der Licht- und Schattenarbeit für dich

Nun habe ich dich mit vielen Tools und Informationen versorgt, die dir helfen können, dich neu aufzustellen, alte Traumata zu heilen und einen neuen Mindset zu kreieren. Doch wo anfangen?

Ich möchte dir hier einen Leitfaden für die regelmäßige Praxis an die Hand geben, an dem du dich orientieren kannst. Und der nach meiner Erfahrung sehr effizient ist und nachhaltig wirkt.

> Beginne mit einer Bestandsaufnahme. Schaue, was es gerade wirklich braucht, wo dein Heilungsweg liegt.

In meinen Augen macht es großen Sinn, dass du am Ursprung beginnst. Und reflektierst: Wie war meine Kindheit? Sind hier schon die ersten seelischen Wunden und Traumata entstanden? Gibt es eine Vaterwunde?

Auf was haben mich meine bisherigen Erfahrungen im Liebesleben aufmerksam gemacht? Was haben mir meine Ex-Partner gespiegelt, was ist genau mein Thema? Welche destruktiven Glaubenssätze und Programme sind mir bereits bewusst?

Inwieweit konntest du das Thema Selbstliebe bisher in deinem Leben festigen? Wie hoch schätzt du dich auf einer Skala von 1 bis 10 in punkto Bedürftigkeit ein? Hast du das Gefühl, einen Partner zu brauchen, damit du zufrieden und glücklich bist? Meiner Erfahrung nach ist das ein elementarer Schlüssel.

Die Anwendung im Alltag – Praxisbeispiele

Ich gebe dir hier zwei Beispiele zur Umsetzung im Alltag, einen Leitfaden in die innere Freiheit. Dies ist als Inspiration gedacht, du kannst die Tools der Licht- und Schattenarbeit nach deinem Empfinden zusammenstellen. Probiere aus, womit du am besten klarkommst und dich gut fühlst.

Mangelnde Selbstliebe transformieren
Wenn du aktuell wahrnimmst, dass es an Selbstliebe in deinem Leben fehlt, du die Liebe immer im Außen suchst und es sich innerlich leer anfühlt, können folgende Schritte dir dabei helfen, dich neu auszurichten.

1. Triff für dich die Entscheidung: Ja! Ich gehe nun los für mich. Ich möchte erfahren, wie es sich anfühlt, in die Selbstliebe einzutauchen, mir selbst genug zu sein. Liebes Leben, bitte zeige mir den Weg!

2. Beginne täglich mit einer geführten Meditation zu meditieren. Meditiere auf das Gefühl von Lebensfreude und Leichtigkeit. Visualisiere dafür ein Bild von dir selbst, in dem du ganz in der Freude bist. Und stimme dich ein in dieses Gefühl.

3. Gehe im Alltag mit der Affirmation: „Ich lerne, mir selbst die beste Freundin zu sein. Liebevoll und nachsichtig mit mir selbst zu sein, jeden Tag ein Stückchen mehr."

4. Erstelle eine Liste mit Dingen, die dir guttun und dir Kraft spenden. Und baue diese Dinge als Kraftinseln in deinen Alltag ein. Erinnerst du dich? WAS – nicht WER – macht mich glücklich?

5. Heile dein inneres Kind. Verbinde dich mit den Anteilen in dir, die gerade besonders viel Liebe und Aufmerksamkeit brauchen. Nimm dein inneres Kind in den Arm, während der Meditation und auch in kleinen Momenten der Ruhe im Alltag. Und schenke ihm Geborgenheit, Liebe und Zuneigung.

6. Füttere deinen Geist mit Büchern und Podcasts zum Thema Selbstliebe. Richte dich ganz auf diesen Erfahrungsweg aus.

7. Verbinde dich jeden Tag mit deinem zukünftigen Ich, das die Lernaufgabe gemeistert hat und angekommen ist im Raum der Selbstliebe. Hierbei imaginiere: Wie könnte es sich anfühlen, ganz mit dir in Verbindung zu sein? Die Liebe in dir zu finden, die du im Außen suchst? Das

Gefühl, ganz zu sein, genährt und zufrieden zu sein mit dir. Wie fühlt sich das an? Und falls du an das Gefühl nicht herankommst: Wie könnte es sich anfühlen?

Einen Glaubenssatz transformieren

Falls dich ein destruktiver Glaubenssatz wie beispielsweise „Ich bin es nicht wert, geliebt zu werden" quält, können folgende Schritte dir den Weg in die Freiheit ebnen:

1. Gönne dir eine Trancereise oder Rückführung bei einem Fachmann, der dich auf dieser Reise hin zum Ursprung begleitet.
2. Beginne jeden Tag mit einer geführten Meditation. Mache in dieser Meditation innerlich das Gefühl „Ich werde geliebt" groß und stimme dich in das Gefühl von Ganzheit ein.
3. Gehe im Alltag mit dem Satz „Ich werde geliebt". Rufe ihn dir mehrfach am Tag ins Gedächtnis und fühle, dass es so ist.
4. Heile dein inneres Kind. Wenn dieser Glaubenssatz etwas mit deiner Kindheit zu tun hat, du dir einer Situation aus der Vergangenheit bewusst bist, in der du als Kind nicht genug Liebe bekommen hast, dann verbinde dich mit diesem Anteil in dir. Nimm dein inneres Kind, das gefangen ist in dieser Situation, in den Arm, während du meditierst, und schenke ihm all die Liebe, nach der es sich sehnt.
5. Übe dich in der Selbstliebe. Beginne eine liebevolle und nachsichtige Beziehung mit dir selbst zu kultivieren. Tag für Tag ein Stück weit mehr. Lerne, dich selbst zur Pri-

orität zu machen. Es dir wert zu sein, dass du nach dir schaust und dich ehrst.

6. Verbinde dich immer wieder mit deinem zukünftigen Ich, das es geschafft hat. Das angekommen ist im Fühlen der Liebe zu dir selbst und es vom Außen gespiegelt bekommt.

Diese beiden Beispiele sollen dir dienen, damit du einen Fahrplan an der Hand hast. Probiere dich aus in den Techniken. Schaue, was dir guttut, womit du gut zurechtkommst. Es gibt nicht den einen Weg zur inneren Freiheit und Heilung. Dieser Weg darf individuell sein und so an den Alltag angepasst werden, wie es sich stimmig anfühlt.

KAPITEL 10
Hole dir deine Macht zurück

Alle Themen, auf die wir bisher eingegangen sind, bringen dich zurück in deine Macht. Sie sind eine Einladung zur Selbstermächtigung, die das Gegenteil von Opfersein ist. Opfer jammern und klagen und suchen die Schuld immer im Außen. Ein Opfer gibt fortwährend seine Verantwortung ab und somit seine Macht. Es ist einfach und bequem, zu jammern. Aber es ist kein Nährboden für Wachstum, Weiterentwicklung und positive Veränderung.

Die Dinge geschehen nicht ohne Grund. Das Universum kennt keine Willkür. In dem Wort „Zufall" steckt „es fällt mir zu". Die Situation oder Lernaufgabe fällt dir allerdings nicht willkürlich zu. Da alles Energie ist und Energie eine magnetische Wirkung entfaltet, ziehen wir genau das in unser Leben, was uns hilft zu wachsen, zu heilen, uns zu entwickeln. Wie schon erwähnt, ist dies genau das, wonach unsere Seele strebt. Das Gegenteil von Stillstand und Komfortzone. Und das Feld der romantischen Liebesbeziehungen bietet uns den perfekten Spielplatz für genau diese Wachstums- und Heilungsprozesse.

In jeder Krise steckt eine Chance. Und ein enormes Potenzial für eine neue Ausrichtung, für Wachstum und Weiterentwicklung.

Wenn das Feld der romantischen Beziehungen dich derzeit vor große Herausforderungen stellt: Gib dich hin. Ziehe die Energie zu dir zurück und erwecke die Königin in dir. Mache dich auf den Weg, dein Innerstes zu klären und aufzuräumen.

Lasse unbedingt auch alle Vorurteile los, die sich in deinem Kopf zusammengebraut haben. „Es ist nicht einfach, den Richtigen zu finden." „In der heutigen Zeit mit den zahllosen Datingportalen stirbt die echte Liebe." „Alle guten Männer sind schon vergeben." „Ich bin zu selbstbewusst, die Männer haben Angst vor mir." „Ich bin nicht schön, nicht sexy, nicht toll genug." „Ich werde für immer allein bleiben." Diese gängigen Meinungen, was auch immer dein Kopf dir erzählt oder Freundinnen sagen: Lasse das alles los!

Wenn du ganz in dir ankommst, dich in deiner eigenen Kraft verankerst und die Königin in dir mehr und mehr erwacht, wird sich alles im Außen von ganz allein fügen. Wenn du in die Liebe erwachst, wird das Leben automatisch noch mehr Liebe in dein Leben hineinfließen lassen. Und auch den richtigen Mann. Dafür brauchst du nichts zu tun. Du wirst ihn empfangen. ER kommt in DEIN Leben. Von allein. Du fühlst es, wenn es so weit ist. Dann, wenn DU bereit bist.

KAPITEL 11
Im Alleingang in die Fülle

Wenn du im Beziehungsfeld gerade keine Sicherheit und Stabilität findest oder gar sehr viel Schmerz erfährst, lädt dich das Leben dazu ein zu erfahren, was alles im Alleingang möglich ist. Und es ist eine Einladung, die innere Heilung in den Fokus zu stellen.

Wie eingangs bereits erwähnt: Wenn frau in ihre volle Größe erwacht, hören das Suchen und das Brauchen auf. Wenn du deine Yin-Qualitäten entfachst, braucht es die männliche Energie nicht mehr, um Fülle, Lebensfreude und Wohlsein zu erfahren. Du bist dir selbst genug.

Und du weißt, du vertraust darauf, dass das Leben dir zur richtigen Zeit den passenden Partner schicken wird. Die erwachte Frau, die in ihrer Selbstliebe angekommen ist und in ihrem Königinnendasein ruht, strampelt sich nicht mehr ab. Sie lehnt sich zurück und empfängt. Es gibt nichts mehr zu tun. Wenn der Partnerwunsch hier und da in ihr aufflammt, entspringt er aus der Fülle. Aus dem Wunsch, dieses schöne Leben gerne mit dem richtigen Mann teilen zu wollen. Der Wunsch ist nicht mehr mit Schmerz, Sehnsucht, Einsamkeit,

Bedürftigkeit und Unwohlsein belegt. Er ist leicht und frei. Vielleicht mit einer Prise Ungeduld bestreut. Die aber nicht die Kraft hat, dich aus deiner Mitte und Lebensfreude herauszuziehen.

Und ich möchte dich hier einmal mehr ermutigen. Wenn ich diese Transformation geschafft habe, schaffst du sie auch!

Es ist ein Prozess, der sich stetig in dir entfalten darf. Ein Herauspellen aus dem Kokon der Raupe hin zum Schmetterling.

Nimm stark und klar diese Herausforderung an, die dir das Leben gerade offenbart. Es lohnt sich so sehr.

Zur Inspiration möchte ich dir aus meiner Sichtweise schildern, wie es sich anfühlt, wenn man oben am Berggipfel der Selbstliebe angekommen ist. Stelle dir beim Lesen der nächsten Zeilen vor, dass du bereits mit mir dort oben stehst, auf dem Berggipfel der Selbstliebe. Imaginiere beim Lesen: Wie könnte es sich anfühlen, das, was Karo da beschreibt?

Wie ich mich heute fühle: Das Brauchen und Suchen hat mich vollkommen losgelassen. Innerlich ist es ein Gefühl von Ganzheit und Sättigung. Mein Fokus liegt darauf, mir das Leben schön zu machen. Ich strebe nach Freude, Fülle, Selbstverwirklichung, Frieden und innerer Ruhe. Und gestalte mir mein Leben so, dass diese Werte genährt werden. Ich konzentriere mich auf meine persönliche Weiterentwicklung, auf meine Berufung, mein Tun. Ich baue täglich Rituale oder Kraftinseln ein, die mich in meiner Balance halten. Ich mache täglich meine innere Arbeit wie Meditation und Visionieren.

Wenn mir das Außen wieder etwas spiegelt, bei dem ich merke, dass ich hier nochmals hinschauen darf, tauche ich ein in die Licht- und Schattenarbeit, da mein Bestreben, immer mehr innerlich frei zu werden, stark ausgeprägt ist. Ich erfülle und nähre mich aus mir selbst heraus. Ich bin mir selbst vollkommen genug.

Der Partnerwunsch taucht immer einmal wieder in mir auf. Manchmal schimpfe ich dann mit dem Universum, dass es so lange dauert, und fühle bejahend meine Ungeduld. Und dann lässt es mich nach einer Zeit auch wieder los. Oft ist das Thema in meinem Leben dann monatelang nicht präsent, weil ich zu sehr damit beschäftigt bin, nach Erfüllung außerhalb des Beziehungsfeldes zu schauen.

Ich habe tiefes Vertrauen, dass es meinen König da draußen gibt. Und dass wir zur richtigen Zeit in Begegnung kommen werden. Und es spielt keine Rolle, ob das in ein paar Wochen, Monaten oder Jahren geschieht. Denn ich brauche keine Beziehung mehr, um mich aus mir selbst heraus erfüllt zu fühlen.

Und glaube mir, ich weiß noch sehr genau, wie sich das Gegenteil davon anfühlt. Ich kann mich so gut an die Momente erinnern, in denen die Sehnsucht allgegenwärtig war. Wie sehr mich das Thema dominiert hat. Wie stark es vierundzwanzig Stunden am Tag präsent war.

Ich habe vor langer Zeit angenommen und integriert, dass in diesem Leben meine Lernaufgabe und mein Weg darin bestehen zu erfahren, was alles allein möglich ist. Und dass es darum geht, alles Destruktive in mir zu heilen. Zu erfahren, dass ich mich auf allen Ebenen selbst halten und versorgen kann. Es ist ein innerliches Sich-frei-Fühlen. Und eine kraftvolle Erfahrung, alles meistern zu können. Mich emotional, materiell, geistig und körperlich selbst zu versorgen.

Und ja, es war kein einfacher Weg. Es hat mich viele Jahre der inneren Arbeit gekostet, weil es allein schon einige Jahre gedauert hat, bis mir klar wurde, dass ich etwas tun muss. Dass die Thematik des Dramas mich nicht von allein wieder loslassen würde, ohne etwas dafür zu tun.

Lasse dich bitte nicht dadurch entmutigen, dass es bei mir so lange gedauert hat. Mit den richtigen Tools an der Hand kannst du solch einen Transformationsprozess in Lichtgeschwindigkeit durchlaufen.

Dies ist mein größter Wunsch: dass ich mit diesem Buch Frauen wie dich erreichen darf, die bereit sind loszugehen. Und es auch tun. Und nicht, wie ich es damals tat, den Kopf in den Sand stecken in der Hoffnung, dass sich das Blatt eines Tages von allein wenden wird.

Als ich dann endlich losging für mich, konnte ich immer fühlen, dass ich auf dem richtigen Weg war. Es waren viele schmerzvolle Momente dabei, da das Leben mir regelmäßig meine „Lernpartner" schickte, die mir meine Themen spiegelten. Viel Herzschmerz, Drama und Prozesse des Loslassens. Darin bin ich richtig gut geworden. Im Loslassen. Zum Thema Loslassen findest du einen Exkurs am Ende des Buches.

Ich finde es sehr hilfreich, sich das eigene Leben regelmäßig aus der Vogelperspektive oder aus der Perspektive des Beobachters anzuschauen. Meine Freundin, selbst Coach, gab mir letztens einen wichtigen Impuls: „Wie wäre dein Leben verlaufen ohne diesen Lernprozess, diese lange Zeit des Singleseins?" Und mir wurde bewusst, dass ich vielleicht in ein Leben hineingerutscht wäre, das mir gar nicht entspricht.

Ich habe beispielsweise erst mit Anfang vierzig ganz klar gespürt, dass ich keine Kinder haben möchte. Vorher war ich mir diesbezüglich sehr unschlüssig. Und ich hätte auch das im Alleingang gemacht, wäre der Wunsch in mir stark geworden.

Als diese Klarheit in mir kam, wusste ich, dass ich mich dafür umso mehr für die Tiere engagieren, im Tierschutz aktiv sein möchte und dass ich meine ganze Zeit und Energie in meine Berufung investieren möchte. Und es fühlt sich so vollkommen richtig an.

Wäre ich mit dreißig Jahren eine dauerhafte Beziehung eingegangen – wer weiß, ob das Leben mich nicht vielleicht in eine Entwicklung gebracht hätte, mit der ich tief im Inneren nicht wirklich glücklich geworden wäre.

Damit möchte ich zum Ausdruck bringen, dass, wenn du das Gefühl hat, dass das Leben dich durch ein Labyrinth von Lernaufgaben und geschlossene Türen schickt, dir parallel auch eine Schatzkiste mitgegeben wird. Und eines Tages öffnet sie sich vor dir und du verstehst. Für was das alles gut, richtig und wichtig war.

KAPITEL 12
Das Soulmate-Manifest

Bei aller Arbeit an dir selbst darfst du dir parallel ganz klar werden, was du erfahren willst, wenn es um DEINE erfüllte romantische Beziehung geht. Je klarer du für dich bist, umso genauer kann das Universum liefern, wenn die Zeit gekommen ist.

Ja, ich plädiere dafür, dass du dich nun erst einmal nur um dich kümmerst. Aber trotz diesem neuen Fokus darf die zukünftige Vision einer gelebten erfüllten Beziehung dennoch in deinem Herzen pulsieren. Eingebettet in Geduld und Vertrauen. Alles zu seiner Zeit.

Dafür finde ich es elementar, dass du deine eigenen Werte und Prinzipien kennst. Und ich wünsche dir, dass du, bevor ER auf der Bildfläche erscheint, so stark in deine Kraft gekommen bist, dass du sie niemals für einen Mann aufgibst, auch wenn du noch so sehr verliebt bist.

Die gesunde Selbstliebe passt zukünftig auf dich auf und lässt nicht zu, dass du deine Grenzen übergehst. Aus einer ganz natürlich gelebten Selbstverständlichkeit heraus weißt du, wie du nach dir schauen, auf dich achtgeben kannst und wie dein Wohlbefinden dir als Kompass dient.

Werte und Prinzipien im Beziehungsfeld sind beispielsweise: für sich selbst wissen, dass Monogamie ein Grundwert ist (außer du möchtest polygam leben, dann ist das dein Wert), Zuverlässigkeit, Ehrlichkeit, Strebsamkeit, Abenteuerlust, Familiensinn, Unabhängigkeit, Selbstverwirklichung, Persönlichkeitsentwicklung, gelebte Spiritualität, Bewusstsein, Zweisamkeit, das gleiche Bedürfnis von Nähe und Distanz, Stabilität, Erdung.

Lerne dich und deine Werte ganz genau kennen, indem du dich eine Zeit lang bewusst damit auseinandersetzt. Und schreibe alles auf. Gleiche oder ähnliche Werte zu haben wie dein zukünftiger Partner, stellt die Beziehung von Anfang an auf ein stabiles Fundament.

Weiter möchte ich dir für dein Soulmate-Manifest den Impuls mitgeben: Wie möchtest du dich mit deinem zukünftigen Mann fühlen? Ob er einen fantastischen Job hat oder sonstige erstrebenswerte Attribute aufweisen kann, ist erst einmal zweitrangig. Einzig und allein entscheidend ist doch, wie du dich mit ihm fühlst. Wenn dein Herz nicht wirklich angeknipst ist, kann sein Bankkonto noch so dick sein.

Hier einige Impulse: friedvoll, liebevoll, leidenschaftlich, begehrt, geehrt, geliebt, wertgeschätzt, sicher, zu Hause, leicht, beschwingt, krisensicher, im Flow, gefördert, gefordert, gesehen und verstanden, freudvoll, glücklich, entspannt.

Achte darauf, dass du bereit bist, alles, was auf deiner Liste steht, auch selbst zu geben. Und dann dürfen die „Rahmenbedingungen" noch abgesteckt werden. Dinge wie: Darf es auch eine Fernbeziehung sein? Kinderwunsch? Ist es in Ordnung für dich, wenn er bereits Kinder hat? Ist es dir wichtig, dass er sich beruflich gut aufgestellt hat, vielleicht auch in der gleichen Branche arbeitet wie du?

Formuliere ganz klar, was du dir wünschst.

Ich bin ein großer Fan davon, die eigenen Wünsche bis ins Detail zu durchdenken und zu fühlen. Gerade wenn es um den Menschen geht, mit dem man zukünftig verschmelzen mag. Natürlich kannst du dich auch einfach vom Leben überraschen und es offen und frei lassen. Im Vertrauen darauf, dass das Universum dir schon genau den Richtigen schicken wird. Das ist auch ein schöner Weg. Alles ist möglich. Fühle selbst, was für dich stimmig ist.

Und dann nimm dir Zeit, dein Soulmate-Manifest zu schreiben. Mit den Impulsen, Werten, Gefühlen und dem gewünschten Rahmen. Falte das Blatt und lege es an einen Ort, an dem du immer einmal wieder darauf stößt (in deinen Terminkalender, dein Lieblingsbuch), um es ab und an zu lesen und dabei in das Gefühl zu gehen, dass es genau so sein wird. Genau zum richtigen Zeitpunkt.

KAPITEL 13
Jetzt ist es an der Zeit, für dich loszugehen

Wow. Dieses Buch ist so mühelos aus mir herausgeflossen. Ich habe in den letzten Jahren oft zu Freunden gesagt: Dieser Lernprozess hat sich so gelohnt. Und ich wünsche jeder Frau, die ebenso an ihrer Bedürftigkeit leidet, wie ich es tat, diese Transformation zu erfahren.

Und dieser Wunsch war meine Motivation, dieses Buch zu schreiben. Dir den Weg zu leuchten und Mut zu machen. Das Licht am Horizont anzuknipsen. Dir Inspiration zu schenken. Es war mein Bestreben, mit dir alle Erkenntnisse zu teilen, die mir das Lernfeld romantischer Beziehungen offenbart hat. Und ich wünsche mir sehr, dass dir hier und da ein Licht aufgegangen ist und dass sich aus Fragezeichen in deinem Kopf Antworten geformt haben. Solche Aha-Momente, die dir offenbaren, warum die Dinge so sind, wie sie sind. Die dir die Last von den Schultern nehmen, dass mit dir irgendetwas nicht stimmt, weil es in deinem Liebesleben nicht rund läuft.

Du hast nun einen großen Koffer voller Werkzeuge an der Hand. Wenn du dich stark genug fühlst, lässt sich die innere Arbeit in Richtung Transformation wunderbar im Alleingang umsetzen.

Zum Abschluss möchte ich dir ein ganz großes DANKE-SCHÖN dalassen. Natürlich in erster Linie das Dankeschön, dass du dir die Zeit genommen hast, dieses Buch durchzuarbeiten. Denn es steckt so viel Herzblut in all meinen Zeilen. Und ein Dankeschön gerichtet an dich und deine Bereitschaft, dich deiner inneren Arbeit zu widmen. Denn genau das braucht unsere Welt! Bewusste Menschen, die spüren, dass es an der Zeit ist, für sich selbst loszugehen. Die eine Veränderung im kollektiven Bewusstsein stattfinden lassen. Eine Veränderung in Richtung Ganzheit, Heilung, Bewusstseinsschulung und Herzöffnung.

> Diese Welt braucht mehr Könige und Königinnen. Menschen, die ihr volles Potenzial entfachen. Die innerlich ganz sind, ihre seelischen Wunden geheilt haben und ihre gelebte Selbstliebe in die Welt hinaustragen, um andere zu inspirieren, ihnen zu folgen.

„Wir leben in einer hoch traumatisierten Gesellschaft", sagte letztens eine Freundin zu mir. Und sie hat so recht. Die wenigsten von uns haben im Elternhaus gelernt, wie man sich seinen inneren Schatten stellt. Wie man für sich losgeht, für seine eigene Transformation und Heilung. Die meisten betäuben ihren Schmerz, lenken sich ab. Und werfen den inneren

Ballast unbewusst auf die Menschen um sich herum. Wer seine eigenen Schatten nicht geklärt hat, zieht automatisch Menschen in sein Feld, die ebenso wenig aufgeräumt haben. Das verursacht so viel unnötiges Leid im zwischenmenschlichen Kollektiv. Und das muss nicht sein.

Wenn du für dich losgehst, wirst du zu einem Vorbild für alle Menschen um dich herum. Deine Erkenntnisse trägst du automatisch weiter an all die Menschen, mit denen du in Kontakt bist. Deine positive Veränderung werden alle spüren. Und den einen oder anderen dazu bewegen, es dir gleich zu tun. So steuert jeder, der sich auf den Weg macht, etwas dazu bei, dass das Zwischenmenschliche in Zukunft deutlich mehr in Harmonie und Liebe schwingt.

> Be the change you want to see in the world: Sei die Veränderung, die du dir in der Welt wünschst.

Ein Zitat von Gandhi. Und ein so schöner Wegweiser für jeden einzelnen persönlichen Lebensweg.

Du bist bereits eine Königin, vergiss das nie! All das Potenzial liegt von jeher in dir. Es wartet nur darauf, von dir wachgeküsst zu werden.

Allein dadurch, dass du dieses Buch gelesen hast, ist die Initiierung für weitere kraftvolle Schritte in Richtung Heilung, innerer Vollkommenheit und Stabilität bereits geschehen. Die ersten Samen sind gepflanzt. Nun ist es an dir, diese Samen täglich zu wässern und alles dafür zu tun, dass du eines Tages ganz sicher ernten wirst.

Eine Ernte, die dich strahlen lässt. Voller Selbstliebe und Kraft.

Ich sehe dich, Königin! Fange auch du an, dich zu sehen. Du bist so machtvoll. Und einzigartig. Auf deine ganz besondere Art und Weise.

Ich folge meiner Mission, ganz viele Frauen mit meiner Botschaft erreichen zu dürfen. Und werde in Zukunft verstärkt meinen Fokus darauf richten. Mit allem, was Kraft schenkt, wie Retreats und Seminaren. In der Gemeinschaft erreichen wir so viel mehr. Ich freue mich auf alles, was kommt.

In Verbundenheit,
von Königin zu Königin
Deine Karo

EXKURS:
Über das Loslassen

Last but not least möchte ich dir einige Impulse mitgeben zum Thema Loslassen. Wie lasse ich einen Mann los, in den ich total verliebt bin, bei dem das Leben mir aber zeigt, dass eine Beziehung nach meinen Vorstellungen nicht lebbar ist? Oder wo so viel Schmerz im gemeinsamen Feld liegt, dass ich mit ihm nicht weitergehen kann, weil es zu toxisch geworden ist? Oder von dem ich verlassen wurde?

> Loslassen ist ein passiver Prozess. Wenn du dir alles angeschaut hast, was diese Begegnung dir offenbart, lässt ES dich los.

Das ist ganz wichtig zu begreifen. Der emotionale und geistige Abstand zum geliebten Herzensmann geschieht von ganz allein, wenn du dir deine Themen angeschaut hast. Fühle bejahend alle Gefühle, die mit dieser Begegnung oder mit der Trennung einhergehen. All die Enttäuschung, das verletzte Herz und den Liebeskummer. Gehe für eine ganze Zeit lang auf Entzug. Blende ihn auf deinen Social-Media-Accounts

aus (nicht löschen, denn eines Tages wird es dir nicht mehr wehtun, seine Posts zu sehen!), sodass du nicht dauernd mit ihm konfrontiert wirst. Das lässt dich nur unnötig länger leiden.

Loslassen bedeutet in erster Instanz, Abstand zu nehmen. Erlaube dir weiterhin, ihn zu lieben. Die Liebe lässt sich nicht abschneiden. Das verursacht nur noch mehr Kummer. Liebe ihn aus deinem vollen Herzen. Mit der parallel immer größer werdenden Akzeptanz dafür, dass die Beziehung aktuell nicht lebbar ist.

> Die tief integrierte Akzeptanz ist der Schlüssel. „Ja, ich akzeptiere es, dass es nun kaputt ist. Ich fühle mich scheiße. Aber ja, ich akzeptiere es." Fühle das! Die Akzeptanz entkoppelt den tiefen Schmerz.

Die Liebe darf nun still und leise werden. Ohne etwas zu wollen und zu erwarten. Schaue genau hin, was er dir alles spiegelt, mit welchen Glaubenssätzen und Lernaufgaben er dich konfrontiert hat. Und nutze zur Lösung deine Licht- und Schattenarbeit. *Ich bin nicht wichtig.*

Falls du dich diesem Thema noch nicht gewidmet hast, ist der Prozess des Loslassens vielleicht auch ein guter Zeitpunkt, dich mit der männlichen Psychologie zu beschäftigen. Speziell, was Beziehungsdynamiken betrifft. Im Anhang findest du hierzu Empfehlungen von mir.

Lasse die Hoffnung los. Sie bindet dich nur unnötig an ein vages Bild in der Zukunft. Vielleicht magst du ihn gar nicht mehr haben, sobald du deine Lernaufgaben in die Transfor-

Rückzug

mation gebracht hast. Mache dir am besten kein Bild für die Zukunft. Sei im Hier und Jetzt.

Manche Verbindungen fühlen sich an wie Klebstoff. Frau will ja loslassen, aber es geht nicht! Deine Seele schaut so lange fixiert in seine Richtung, bis du dir deiner Schattenthemen bewusst wirst und anfängst, für dich loszugehen. Ich kann mich gut daran erinnern, als ich im Prozess des Loslassens meiner vermeintlichen Dualseele war. Ein inneres Programm forderte mich täglich dazu auf: Ich muss etwas tun! Ich kann diese große Liebe doch nicht einfach gehen lassen! Als ich begann, das Gefühl dahinter zu orten und bejahend zu fühlen (es zeigte sich auf körperlicher Ebene als festgezurrter Kloß in der Magengegend), ließ mich dieses zwanghafte Denken los. Gleichzeitig fühlte ich, dass hier ein Glaubenssatz versteckt war: für die Liebe eine Leistung erbringen zu müssen.

Auch dies konnte ich auflösen durch das bejahende Fühlen. Siehst du anhand dieses Beispiels, was alles angeschaut werden will, wenn die Liebe uns eingefangen hat, es aber nicht funktionieren mag? Hier liegt deine Chance zu erwachen. Auch wenn diese Prozesse fies, hart und unsagbar schmerzvoll sind. Aber: Du hast es verdient, geehrt, geliebt, gehalten und getragen zu sein. Du bist auf dem Weg, deine Königin zu entfachen. Und an ihre Seite gehört ein König, der ebenso bereit ist, sich seinen Schatten zu stellen.

Von Herz zu Herz. Von Königin zu Königin. Einmal mehr ein Dankeschön an dich für unsere gemeinsame Reise mit diesem Buch. Es erfüllt mich sehr.

Danksagung

In erster Linie danke ich dir, liebe Leserin! Dass du dich mit mir auf die Reise begeben hast. Es bedeutet mir unendlich viel, meine Lebenserfahrung mit dir teilen zu dürfen. Danke für dein Vertrauen.

Und ich danke dem Leben. Dass du, liebes Leben, obwohl du mir so mächtige Steine in den Weg gelegt hast, mir gleichzeitig gezeigt hast, wie man daraus eine Brücke baut. Und wie ich anderen die Hand reichen kann, um ebenso über diese Brücke zu gehen.

Weiterhin danke ich all den wundervollen Seelen um mich herum, die mich lieben, wertschätzen und begleiten: meinen vierbeinigen Zauberseelen, meinen Eltern, meinen besten Freunden, meinem Team der VINYASA Yoga Akademie und der IFAA sowie meinen Schülern und Coachees.

Buchempfehlungen

Stahl, Stefanie: *Das Kind in dir muss Heimat finden*. München: Kailash, 2015.

Bernstein, Gabrielle: *Das Universum steht hinter dir*. München: L.E.O., 2017.

Franckh, Pierre: *Das Gesetz der Resonanz*. Burgrain: Koha, 2008.

Byrne, Rhonda: *The Secret – Das Geheimnis*. München: Goldmann, 2007.

Dispenza, Dr. Joe: *Werde übernatürlich*. Burgrain: Koha, 2017.

Wagner, Karo: *Yoga gegen dunkle Tage*. Stuttgart: Trias, 2018.

Empfehlungen für Coachings + Therapeuten

Meine Angebote zum 1:1-Mentoring, Gruppen-Mentoring und Coaching findest du auf: www.karo-wagner.de

Meine Empfehlung für die im Buch erwähnte Rückführungssitzung: https://www.astrologie-er-leben.de (Ilka Plassmeier)

Informationen über Beziehungsdynamiken und die männliche Psyche:
www.martin-von-bergen.info
www.christian-sander.net

Geführte Meditationen

Meine Angebote: https://yogasistars.sellfy.store

Dr. Joe Dispenza: www.drjoedispenza.com

Meine Angebote für kostenfreie Meditationen inklusive der im Buch erwähnten Meditation zur Gefühlsklärung: https://www.vinyasa-yoga.de/akademie/audiogalerie/

Weitere Titel aus dem Verlag Via Nova:

Mental Yin Yoga
Ein neues Körper- und Geistbewusstsein
Karo Wagner / Tasja Walther

Klappenbroschur, 176 Seiten, 291 farbige Fotos,
ISBN 978-3-86616-324-9 *2. Auflage*

Dieser neue, innovative Yoga-Stil eröffnet vielen Menschen eine wirksame Möglichkeit, die wunderbaren Wirkungen des Yoga in tiefer und umfassender Weise zu erfahren. Diese sanfte Methode kombiniert in idealer Weise moderne Meditations- und Mentaltechniken sowie körperliches und geistiges Training, mit denen der Übende schnell lernt, ohne muskuläre Anspannung innere Blockaden aufzulösen. Dieses Lehrbuch des Mental Yin Yoga führt nicht nur ein in diesen neuen Yoga-Weg, sondern vermittelt auch die Zusammenhänge und Hintergründe des Yin Yogas. Die Verbindung mit den 5 Elementen, der Meridiane (TCM), deren Verlauf und Zuordnungen zu den Asanas sowie der Chakrenlehre werden ausführlich dargestellt. Detailliert und übersichtlich werden die Positionen, ihre Variationen und Alternativen sowie die Übungssequenzen erklärt, die Körper und Geist nachhaltig ansprechen. Entdecken Sie den Yoga einer neuen Generation!

Yoga bei Angst und Panikattacken
Selbsthilfe und Heilung
Karo Wagner / Anna Kramer

Klappenbroschur, 144 Seiten, ISBN 978-3-86616-459-8

Dieses Yoga-Selbsthilfebuch kann zu einer einmaligen Unterstützung für all jene werden, die unter Panikstörungen leiden und sich damit - trotz Therapie - alleine gelassen fühlen. Die gezielten Anleitungen für das mentale und körperliche Training sowie die speziell ausgewählten Übungen zeigen eindrucksvoll, dass konzentrierte Yogapraxis den Umgang mit der Panik ganz erheblich erleichtern oder sie sogar auflösen kann. Fundiert werden nicht nur die Wechselwirkungen der Psychosomatik auf emotional-energetischer und körperlich-geistiger Ebene erläutert, sondern auch motivierende Praxisbeispiele, persönliche Erfahrungsberichte und wirksame Techniken für Notfälle vermittelt. Menschen mit Panikstörungen bietet dieses Yoga-Selbsthilfebuch eine ganz reale Chance, wieder in ihr normales Leben zurückzufinden!

Die Unsterblichkeit der Seele
Intuition, Willenskraft und Weisheit –
Die Essenz der Yogaphilosophie
Ralph Skuban

Klappenbroschur, 160 Seiten, ISBN 978-3-86616-516-8

In der Identifikation mit dem körperlichen Aspekt unserer Existenz fehlt uns offenbar, was alle Traditionen immer wieder lehren: Wir sind trotz der Vergänglichkeit des Körpers unsterblich. „Woher kam, was uns das Leben schenkte, und wohin wird es gehen, wenn wir das Leben einmal aushauchen?" In diesem Buch geht es um die Kernfragen des Menschen. Vor dem Hintergrund des Yoga entfaltet es, worauf es im Leben ankommt: Was ist Leben? Wie wirklich ist die Wirklichkeit? Ich bin mehr als mein Körper. Wege zum inneren Frieden. Der ganze Schatz liegt in mir selbst. Über den Wunsch, Gott zu sehen. Glück und Glückseligkeit. Gott wohnt in der Stille des Atems. Dieses Buch zeigt einfühlsam und argumentativ, wie wir falsche Konzepte und Identifikationen aufgeben können, damit wir existenziell erkennen und begreifen, wer und was wir in Wirklichkeit sind und dass das Glück in uns selbst liegt.

Ruheloser Geist trifft Achtsamkeit
Aus der Zeit in den Moment – Übungen,
Impulse und Meditationen
Matthias Dhammavaro Jordan

Taschenbuch, 160 Seiten,
ISBN 978-3-86616-515-1

3. Auflage mit neuer Ausstattung

Einfachheit und Tiefe sind die Qualitäten dieses Buches. Der ehemalige buddhistische Mönch spricht aus eigener Erfahrung, verständlich, unterhaltsam, lehrreich, inspirierend und mitten im Leben stehend. Sofort findet der Leser sich selbst wieder und wird behutsam und fundiert an essenzielle Weisheiten herangeführt. Vor allem aber zeigt das Buch sowohl bei den Betrachtungen über die Wirkungsweise des menschlichen Geistes als auch bei den Meditationsanleitungen, wie man durch bewusstes Üben der Achtsamkeit innere Ruhe und Frieden finden und ein entspanntes und erfülltes Leben führen kann. Zeit ist kostbar und dieses Buch zeigt uns den Weg vom Hier ins Jetzt und wie wir den Reichtum des Augenblicks neu erleben und wertschätzen können.

Empathie – Ich fühle, was du fühlst

Bin ich ein Empath? So lerne ich meine empathischen Fähigkeiten anzunehmen und in Balance zu leben
Dr. Stephanie Red Feather

Klappenbroschur, 320 Seiten, ISBN 978-3-86616-484-0
E-Book: 978-3-86616-494-9

Kennen Sie das? Oft werden Sie von dem, was Sie wahrnehmen, spüren, empfinden und fühlen, vollkommen überwältigt. Und manchmal wissen Sie nicht, ob Sie sich selbst oder andere Menschen fühlen. Wenn Ihnen das vertraut vorkommt, sind Sie wahrscheinlich ein Empath! Extrem sensibel und empfänglich für subtile Energien, Emotionen und Schwingungen. Die Schamanin und Empathin Stephanie Red Feather hat ein halbes Leben gebraucht, um dieses Phänomen bei sich zu erforschen und herauszufinden, welch riesiges Potenzial Empathen in sich tragen. Daraus ist dieses Buch entstanden. Ein grandioser Leitfaden mit wertvollem Wissen sowie vielen Techniken und praktischen Übungen, die Empathen befähigen, in ihre Kraft und Mitte zu kommen und bewusst ihre Gaben und Herzqualitäten für sich und andere einzusetzen.

Keine Angst vor dem Sterben

Erkenntnisse aus der Nahtodforschung geben Halt
Hans-Werner Stahl

Klappenbroschur, 176 Seiten, ISBN 978-3-86616-521-2

„Papa, wie geht Sterben?" Mit dieser angsterfüllten Frage seines leukämiekranken Sohnes wurde Hans-Werner Stahl kurz vor dessen Tod konfrontiert. Eine Antwort darauf zu finden, fiel dem Vater zunächst schwer. Als er seinem Sohn jedoch von Nahtoderfahrungen erzählte, ließ die Angst des Achtjährigen deutlich nach. Von diesem Moment an beschäftigte sich Hans-Werner Stahl intensiv mit den Ergebnissen der Nahtodforschung. In seinem Buch geht er ausführlich auf diese besonderen Erlebnisse im Bereich der Todeszone ein, lässt viele Experten mit ihren Forschungsergebnissen zu Wort kommen und gibt zahlreiche, höchst emotionale Erlebnisberichte betroffener Menschen wider. Im Vordergrund steht für ihn die Frage, ob Nahtoderfahrungen glaubwürdig sind und somit auf eine geistige Welt hinweisen können. Um ihr nachzugehen, setzt er sich ausführlich mit kritischen Stimmen aus Medizin, Neurowissenschaft, Psychologie und Theologie auseinander. Die Ergebnisse seiner Recherchen legen nahe: Die Seele lebt nach dem Tod weiter und die Erkenntnisse aus der Nahtodforschung können Menschen die Angst vor dem Sterben nehmen.

Kinder fördern mit Denkanstößen
Mutmachende Impulse
Sabina Pilguj

Klappenbroschur, 224 Seiten, ISBN 978-3-86616-512-0

Dieses Buch ist eine kleine Schatztruhe für Kinder, gefüllt mit wertvollen Botschaften. Die kurzen Gedankenimpulse sind zum Vorlesen oder Selberlesen geeignet. Viele Kinder erleben täglich Situationen, die sie verunsichern oder ihnen Stress verursachen. Dies kann zu Selbstzweifeln, Ängsten und psychosomatischen Beschwerden führen. Die einzelnen Mutmachimpulse sprechen Kinder zwischen vier und dreizehn Jahren direkt an, fördern ihr Selbstbewusstsein und ihre emotionale Stärke, Selbstachtsamkeit und soziale Integration. Alltägliche Themen, die Kinder bewegen, wie etwa ein wertschätzendes Miteinander, Sensibilität und Empathie, aber auch Mobbing und Stress durch besondere Herausforderungen werden aufgegriffen. Die Botschaften vermitteln kindgemäß soziale Werte, eine optimistische Lebenssicht, Vertrauen, Zuversicht und Liebe, die es den Kindern ermöglichen, das Leben mit Mut, Tatkraft, Selbstvertrauen, Freude und mehr Leichtigkeit zu genießen und ihre Potenziale zu entfalten.

Gelassenheit ist der Schlüssel zum inneren Frieden
Kraftgebende Impulse für jeden Tag
Urs-Beat Fringeli

Hardcover, 384 Seiten, ISBN 978-3-86616-485-7

Kennen Sie das Geheimnis von Glück, Gelassenheit und innerem Frieden? Das Geheimnis ist, dass es kein Geheimnis gibt! Urs-Beat Fringeli hat schon viele Bücher geschrieben und jahrzehntelang Glücksforschung betrieben, seine Botschaft ist einfach und deshalb so real: Glück und Gelassenheit sind keine Zufallsprodukte des Lebens, sondern Entscheidungen, die wir treffen. Und dieses Buch zeigt Ihnen, wie es gelingt. Jeden Tag aufs Neue können Sie Ihr Leben in die Hand nehmen und sich entscheiden – für die positiven Seiten des Lebens, Freude, Gelassenheit und Glück. Wunderbare Herzensinspirationen, zeitlose Betrachtungen und Weisheiten navigieren Sie auf Ihrem Weg zu einem erfüllten Dasein. Das Leben will Sie beschenken – beschenken auch Sie sich: mit diesem einmaligen Lebensfreudebuch!